Mensagens do Meu Eu Superior

A Jesus, pelas Mensagens e pelo Seu Amor...

Ao meu Eu Superior...

À minha mãe, em sua memória...

Ao meu Anjo e ao meu Salvador... (vocês sabem quem são...)

E a todos aqueles que procuram a Luz...

Introdução

Não sei o que passa comigo. Ultimamente tenho andado assim. Triste, vazio, sei lá... Desde que minha mãe morreu tenho tentado levar a vida normalmente, mas tenho de reconhecer que tem sido difícil nesses últimos dias. Sou uma pessoa de fé, e sei que ela está bem melhor agora onde está. Tenho a certeza!... E é por ter essa certeza que tenho tido força para seguir em frente. Mas tenho dias... Horríveis mesmo. Sabes aquela sensação que o tempo não passa, nada faz sentido, nem muito menos percebes o porquê de estares aqui?... É a pergunta que me faço agora. Eu não vivia cá, vivia no *Reino Unido*, na *Escócia*, em *Glasgow*. Mas decidi voltar quando soube que o estado de saúde de minha mãe piorara. Estava desenganada pelos médicos. Ela poderia morrer em algumas semanas ou em alguns dias. Ou talvez em apenas algumas horas. Tinha de voltar. E depressa. Mas decidi que depois da sua morte partiria, já que mais nada me liga a esta terra. O facto é que minha mãe já faleceu há mais de um mês e continuo cá. Estou neste dilema que me consome: Parto? Fico?... Não tenho motivos para ficar, mas não me apetece partir. Ao mesmo tempo, sinto que preciso de partir, mas meu coração pede-me para ficar... Estive longe 3 anos, 7 meses e 18 dias, passei por outras duas ilhas (*Terceira* e *São Jorge*), tive em *Glasgow. (Escócia), Londres, Paris, Lisboa* e *Porto* mas só eu sei a alegria que senti ao pôr meus pés aqui quase quatro anos depois. Minha alma regenerou-se. Agora pergunto-me se quero partir, e deixar tudo isso para trás?... Isso é o pedaço de rocha que me viu nascer, o chão que meus pés pisaram desde a minha infância. Essa terra sou Eu!... E não sei viver sem isso. Ser açoriano é ser ilhéu. De que vale a beleza de *Londres* e *Paris* comparada com o olhar dum açoriano?... A beleza dessas grandes cidades é construída, logo é falsa; a beleza dum olhar dum açoriano é sincera, logo é verdadeira... É a beleza em estado puro. Por isso quem cá vem, não morre sem voltar cá outra vez. Somos esse povo, essa gente: Açorianos. E temos muito orgulho nisso. Já pisei as ruas de *Glasgow, Londres, Paris*, mas nada me deu mais prazer do que pisar a minha terra. De *Londres* trago lindas recordações: O rio *Thames*, O *Big Ben* e o *House of Parlament*, o *London Eye*, a *Queen Bridge*, *A Abadia de Westminster*, e o mítico *Palácio de Buckingham*. De *Paris*, o recordo o rio *Sena* e as suas pontes, O *Arco do Triunfo*, os *Champs Elisée*, A *Torre Eiffel*, o mítico *Champs du Mars*, o *Louvre*, o *Notre Dame*, etc, mas daqui trago, e guardo, as minhas melhores recordações. E as piores também. Afinal, esta é a minha terra. E a minha história começou aqui... E os melhores, e os piores, momentos foram quase todos passados cá. Talvez por isso tenha voltado cá. Para fechar ciclos, resolver assuntos pendentes, resolver, e arquivar, problemas. Preciso crescer... Mas tenho de passar por isso. Eu sei... Talvez por isso me sinta assim. Afinal, o nosso crescimento é sempre doloroso. Há duas maneiras de chegar a Deus: pelo Amor e pela dor. Mas tal como qualquer ser humano, eu insisto em crescer pela dor. Talvez por não me achar digno do Amor. Afinal nunca me amaram. E eu nunca amei ninguém. Não conheço o Amor. Tu sabes o que é?... Eu não sei. Deram-te Amor?... Nunca o tive. Se não amo, é porque nunca tive Amor. E não posso dar o que não tenho... E tu que sempre tiveste amor, e sabes amar, porque não dás o que tens?... É assim tão difícil amar?... É assim tão doloroso para alguém deixar-se amar?... Não... O Amor não pode ser só isso. Talvez a descoberta do Amor seja o verdadeiro sentido das nossas vidas. Talvez após descobri-lo, tenhamos de partir para Deus, que é Amor, mas não antes sem aprendermos a amar primeiro aqui. Estaremos todos condenados a amar eternamente?... Hum... Estranho!... Se calhar até é verdade, e se calhar até estamos condenados a amar eternamente, mas não a mesma pessoa. Amamos várias pessoas ao longo de nossas vidas, como se estivéssemos à procura dum Amor Maior?... Será?... Sabias que só trabalhamos com 10% da capacidade do nosso cérebro?... Às vezes me pergunto de como seríamos, de como viveríamos, e as coisas que alcançaríamos, se trabalhássemos com 100% da capacidade dessa nossa caixinha?... O cérebro e o coração são duas coisas muito interessantes. Os nossos dois sistemas mais complexos. Há quem diga que estão interligados. E afirmam até que o Pensamento não é exclusivo da Mente, mas que o coração também pensa. Será que ele também fala?... Será que o nosso coração nos fala?... Às vezes, penso que sim. Ele traduz os nossos Sentimentos em Raiva, Ódio, Amor... Logo, se ele traduz, é porque percebe essa língua. Logo, sabe falá-la. Consequentemente, sabe o que diz... Por isso é que eu acho que o coração também fala. Aliás, o meu já me falou algumas vezes. Às vezes vem com palavras suaves, outras com palavras duras, tão duras que até me fazem chorar, mas deixa-me sempre a sua mensagem. Por isso, aprendi a ouvir o meu coração. Hoje, tento segui-lo. De forma racional, para não me magoar. Mas sem nunca deixar de o ouvir, porque sei que ele é verdadeiro. Ele transmite os meus Sentimentos, e esses são Reais. Daí acreditar nele... Ele e eu Somos Um. Sentimos o Mesmo. Somos o Mesmo. Se toda a gente tivesse essa conexão com seu coração, o mundo seria um lugar bem melhor para se viver. Haveria mais Paz na Terra e mais Alegria no Céu. Mas as pessoas insistem em não ouvir a Voz do Coração, ficam indiferentes à Intuição, e depois queixam-se de não serem felizes. Será que não sabem que a Emoção é a Voz da Alma?... E que o coração é o seu transmissor?... Quando o teu coração está triste, é a tua Alma que está triste, não sabias?... Logo, ao ouvires o teu coração, escutas o que a tua Alma te quer dizer. Ao escutá-la, escutar-te-ás. Porque Ela e Tu São apenas Um. O Mesmo. Não estão separados. Não sabias?... Tu é que pensas que sim, por isso sofres. Pensas que estás só, por isso choras. Mas não só não estás só, como és muito Maior do que pensas. Tu e Deus, e todos Nós, SOMOS TODOS UM. Isso não é uma Afirmação Metafísica, é uma Realidade Física. Na tua Mente limitada não consegues entender. Abre a tua Alma e perceberás. Porque a tua Alma tem a profundidade do Infinito, é uma gota do Oceano Cósmico, sabe de onde veio e para onde vai. Ao abrires a tua Alma, e abraçares o Infinito, o Universo expande-se. Porquê?... Deus

sorriu, porque lhe foste fazer uma visita... Ultimamente, tenho tido uns sonhos estranhos...
E tudo começou quando voltei por causa de minha mãe. Como já vos disse, sou uma pessoa
de fé, e eu e a minha mãe tínhamos a mesma religião - somos Evangélicos. Meus irmãos
eram - são - todos católicos. Logo eu e ela tínhamos - temos - uma imagem de Deus, e de
Jesus, um pouco diferente da deles. Víamos o Céu, o Inferno, a Fé e a Oração de forma
completamente diferente deles. Logo, a nível da fé, as conversas que eu tinha com a minha
mãe atingia outros níveis de Espiritualidade. Ambos conhecedores da Bíblia, dominávamos
assuntos teológicos que eles só podiam admirar, nunca perceber. Mas nós discordávamos de
alguns pontos da Bíblia. Eu defendia que a Bíblia não podia estar completa, porque sendo a
Palavra de Deus, tinha de ter a resposta para tudo, e não tem. Então e os Evangelhos
Gnósticos, os Evangelhos Apócrifos, Os Evangelhos Perdidos da Bíblia?... Será que lendo-
os todos, o Evangelho não faria mais sentido?... Não haveria mais respostas?... Claro que
sim!... Se a Igreja retirou essas partes da Bíblia é porque sabia que aí poderíamos conhecer
certas Verdades. Essas Verdades nos libertariam... E aí não viveríamos mais sob o jugo da
Igreja. Seríamos livres. Saberíamos amar... E hoje se não sabemos amar é porque a Igreja, e
a Sociedade em geral, nos impôs o medo para melhor nos poder controlar. E nós deixamo-
nos ser escravos da nossa própria ignorância. Revolta-te!... Grita!... Liberta-te!... E vem
amar... *Schiiiuuuu*... Vem... Entra... Esse é o meu Mundo...

*

Agora que entraste no meu Mundo, vou-te mostrar coisas que lá fora não existem. O meu Mundo é bem mais bonito, uma Realidade Paralela que criei que me serve de refúgio e de abrigo. Lá, nesse Mundo, escondo-me às vezes, para fugir dessa vossa realidade doentia em que vocês vivem hoje em dia. O meu Mundo é um Pedaço de Céu. Mas mesmo nesse Pedaço de Céu, a dor tomou conta de mim quando soube que minha mãe estava morrendo. Todo o meu conhecimento bíblico não era suficiente para me ajudar naquela hora. Fiz a única coisa que sabia. Orei... Orei a Jesus com toda a fé que tenho. Com toda a fé que era possível eu ter... Queria saber para onde ela iria quando partisse. E, contra toda a lógica possível, ouvi uma Voz dentro de mim que me disse:

"Eu sou o Grande EU SOU, Eu Sou Jesus... Retira-te para um jardim, fala Comigo, Chama por Mim. Faz Meditação, verás uma corda... Segura-a... Far- te-ei subir até Mim..."

Pensei: *"Estou enlouquecendo!"*... Segundos depois, pensei: *"Não custa tentar..."*. A partir daí, começaram as mensagens que agora transcrevo nesse livro. Algumas delas partilhei com minha mãe em vida, nas visitas diárias que lhe fazia no hospital, e outras foram canalizadas e escritas depois dela partir. Ela gostou tanto das mensagens de Jesus que prometi que as dedicaria, num livro, em sua memória. Porque guerreiros da fé como ela, sabem que a luta é forte, a batalha é árdua e muito sangrenta, mas têm a certeza que no final a vitória é, certamente, nossa. E apenas porque não estamos sós. Falei-te que tinha sonhos estranhos. Esses sonhos estranhos foram as mensagens mais lindas que recebi na vida. Partilho-as agora convosco... Por mim, por minha mãe, por Jesus, por Deus... Por Amor... Porque, no final, o Amor é tudo o que resta. O Amor é tudo o que existe. Por Amor fomos feitos, por Amor continuamos a existir, e existiremos sempre... Por Amor... E com Amor...

Nota de abertura

Estive ausente de São Miguel 3 anos, 7 meses e 18 dias, e voltei precisamente há 1 mês (fez ontem). Passei por sítios tão diferentes como as ilhas da *Terceira* e de *São Jorge* (*Açores*), *Lisboa*, *Porto*, *Glasgow* (*Escócia*), *Londres*, *Largs*, *Dover*, *Manchester* e *Paris*, e passei por várias situações como é óbvio, e as situações pelas quais passei transformaram-me como pessoa e como ser espiritual. Essa transformação levou-me a perguntar a Deus porque estava a passar pelas coisas pelas quais estava a passar e, para meu espanto, Deus respondeu-me através de Jesus. Fiquei paranóico, pensei que estava enlouquecendo e contactei *Alexandra Solnado* - (esta recebe mensagens de Jesus) - e só ela poderia me explicar o que me estava acontecendo. Para espanto maior ainda, ela não só respondeu-me por *email*, como me disse que era normal o que me estava acontecendo. E apenas me perguntava: Porquê a mim?... Realmente diz na Bíblia que *"No final dos tempos os jovens teriam visões, e que os loucos do mundo confundiriam os sábios da Terra"*. Tentei aprofundar mais as minhas sessões de Meditação e, numa delas, saí do meu corpo - (Projecção Astral) - e encontrei- me com o meu *EU Superior* e ele disse-me o porquê de estar a passar pelas coisas que estava a passar, e o que eu teria de fazer para atingir um outro nível de Luz Espiritual. Fiquei estúpido. Depois de me encontrar com meu *EU Superior*, tornou-se relativamente normal fazer essas viagens. Ele aconselhou-me a procurar Jesus nas minhas Meditações. E foi o que fiz. E numa altura em que minha sagrada mãe estava quase a morrer, pedi em oração que Jesus me mostrasse o lugar para onde minha mãe iria quando partisse. Jesus falou ao meu coração dizendo-me que me dirigisse a um jardim e que eu meditasse que Ele me iria mostrar. Nem hesitei e fui... Nem pus a hipótese de ser produto da minha Mente aquela Voz. Como Evangélico que sou, sei que Deus fala aos seus Filhos através dos sussurros do Espírito Santo e, como já estava habituado a estes sussurros há muitos anos, para mim foi normalíssimo ouvir a Voz Dele... Ele mostrou-me o *Jardim de Oriôn* - (Jesus disse-me: *"A casa de Meu Pai tem muitas Moradas. Esta é apenas uma delas..."*). Mostrou-me também *Poseidôn* - (*aquilo que o ser humano entende por inferno*). Mostrou-me grande parte do Universo - (*Multiverso agora*) - e mostrou-me os *Pilares da Criação*...Tenho mantido contactos constantes com Jesus, falo com Ele, e Ele responde ao meu coração. Tive a ler a colecção toda de *Neale Donald Walsch* - (*Escritor norte americano e autor dos livros Conversas com Deus volumes 1, 2, e 3, e Conversas com Deus para Adolescentes*), *Alexandra Solnado*, e também da *Vassula Ryden* (*Grega Ortodoxa*) - que são algumas das pessoas que recebem Mensagens de Jesus por escrito, na tentativa de perceber o que estava a passar comigo. A *Era de Peixes* acabou meus amigos, o sofrimento acabou, estamos agora a partir de 21/12/2012 na *Era de Aquário* - (a *Era Mental*) - e somos visitados constantemente por *Seres de Luz* diariamente, que velam pela nossa Evolução Espiritual de maneira que possamos voltar à Luz mais depressa. Há que abrir a nossa Mente para que esta entre em contacto com a Mente Cósmica, para que estas Mensagens cheguem a todo o mundo. Eu pessoalmente vou partilhar nesse livro algumas das Mensagens que Jesus me tem enviado através da *Alexandra Solnado*, e algumas que Jesus me ditou directamente a mim. Assustador?... Não... Jesus nos ama a todos e assustador é aquele que vive longe Dele...

*

Em busca da Quinta Dimensão

Michio Kaku é um **Físico Teórico** estadunidense. É professor e co-criador da **Teoria M**, um ramo da **Teoria das Cordas**. Formou-se como Bacharel pela Universidade de Harvard em 1968. Em 1972, ele dirigiu-se ao Berkeley Radiation Laboratory na Universidade de Berkeley para receber o PhD. Em 1973, tornou-se membro da Universidade de Princeton. E atualmente é professor da City University of New York, e escreve vários artigos técnicos envolvendo a **Teoria das Cordas**, a **Supergravidade**, **Supersimetria** e **Hádrons**. Seus estudos se concentram na **Teoria M** como uma Possibilidade de Unificação entre o Micro e o Macro, que pode levar à **"Teoria do Tudo"**. A Física tem dois pilares que são mutuamente incompatíveis: **Teoria Quântica de Campos** e **Teoria da Relatividade Geral**. A Unificação desses 2 Pilares pode exigir 11 dimensões, sendo que uma delas mostra que o Universo é uma brana, ele está em pleno movimento no Multiverso, e a colisão de 2 branas pode responder ao maior problema da Cosmologia: o que foi o **Big Bang**?... Este trabalho apresenta a **Teoria M** como uma Possibilidade de Unificação entre o Micro e o Macro, que pode levar à **Teoria do Tudo**. Segundo *Michio Kaku* um Mundo é a soma total de todas as Situações Espirituais num planeta, que determina como será a Vida, a Energia Predominante que exercerá, Movimento, Acção e tipo de Matéria. Um planeta é a base física para esses diversos Mundos. É o Plano Material onde as diversas Vidas são vividas em seus respectivos Planos. Um planeta pode ter Vários Mundos em Anexo, trabalhando no Mesmo Espaço Físico. Os "Mundos Anexados" a um planeta específico são chamados de **Mundos Paralelos**. Nós, os Humanos, somos chamados de **"Seres Multidimensionais"**. Existe um número infinito de Realidades Paralelas, todas existindo simultaneamente, e **Seres Multidimensionais** são Seres que vivem em diversas **Dimensões Paralelas** simultaneamente. Nossas escolhas e aprendizagens interferem nos nossos outros "Eus" espalhados nas outras Dimensões, assim como nossos outros "Eus" interferem no "Eu" da Terceira dimensão, essa na qual eu escrevo, e que todos nós vivemos. Todos esses "Eus" juntos formam nossa Essência, O Que Somos, O Que Aprendemos, Onde Estamos, e Onde Vamos Estar. Existe um "Tipo de Frequência" para cada Mundo, e se estamos nesse Mundo da Terceira Dimensão - (Mundo/Terra) - é para experienciar Situações que estejam de acordo com essa Frequência. Não podemos mudar o Mundo em que estamos inseridos, mas você pode mudar a sua Frequência para estar de acordo com o Mundo que você prefere experienciar, num Mundo - (Terra) - Paralelo, que já existe num outro Nível de Frequência e todos, na mesma Frequência, estarão nesse Mundo. Fala-se muito da **Ascensão da Terra** para um **Mundo da Quinta Dimensão**, mas entenda, o **Mundo da Terceira Dimensão** não deixará de existir num passe de magia, pois zilhões de Seres vibram nesta Frequência e precisam, ou vão escolher, (inconscientemente e conscientemente), continuar a reencarnar nesse Mundo de Ilusões, Polaridades, Dualidades. Porque reencarnar?... Vamos ter que "morrer" nesse Processo todo?... Com certeza!... Mas, você já sabe que a Morte não existe, e que cada um irá despir-se da carne da forma que precisa ou pode salvar sua pele, embarcando numa das **Naves** que com certeza estarão visíveis, seguir Jesus, Maomé, Buda, Asthar Sherans, Miguéis, etc... A escolha é sua!... Não entendeu?... Apenas continue estudando. Não é possível entender tudo de imediato. Primeiro absorvamos as informações, e com o auxílio da Intuição, o Entendimento acontece naturalmente mais tarde. Você precisa escolher o caminho que é um pouco mais difícil, porque demanda empenho para compreender o que ainda não compreendeu, ou escolher o Caminho mais fácil e manter-se iludido, pois montar o quebra-cabeça dá um trabalho danado, e temos a tendência de forçar nossa atenção apenas num ponto, ou em alguns pontos: Família, Trabalho, Carreira, Sucesso, Dinheiro, Entretenimento, Religião, pois isso é a *Matrix*. Focados apenas nesses pontos, não conseguimos ver o cenário todo, apenas enxergarmos algumas pequenas peças, aquelas que eles desejam que vejamos. Ficamos limitados quando focamos nosso aprendizagem apenas em um ponto, por isso estudar um pouco de tudo é importante para conhecer todos os lados do mesmo, ou de vários pontos, e assim alcançar Entendimento para nos libertar da vivência nessa Frequência. Sempre me questionam se eu não acredito no auxílio de Seres Mais Evoluídos, e eu sempre respondo do mesmo jeito... *Claro que acredito!...* Eles estão por ai, sempre estiveram e sempre estarão, nos auxiliam subtilmente, nos levam ao Conhecimento, nos ajudam a encontrar respostas, basta sentir... O que você precisa perguntar-se é: Que tipo de auxílio quer?... Estes *Seres* preocupam-se com o nosso Crescimento através da Experimentação, pois sabem que para crescer primeiro é preciso, aqui na Terceira Dimensão, compreender o Dualismo, as Polaridades, e buscar o Equilíbrio, enxergar nível de informação, ao invés de certo ou errado, bom ou mau. Eles já passaram por isso... Naves, Tecnologia, Resgate, Interferência Brusca, são necessários para nos proteger, ou nos auxiliar na Terceira dimensão, para aqueles preocupados com a Matéria. Na Quinta Dimensão não existe a Matéria densa a que estamos acostumados, Tudo é construído através do Pensamento, e das informações contidas no **Fluido Universal**, de acordo com a Consciência de quem cria. Não precisa de Naves, ou de qualquer outro meio de transporte, não é necessário Tecnologia de qualquer tipo, não é necessário se alimentar, dormir ou mesmo falar. O Tempo é ilusório, é um meio de controle necessário quando se está na Terceira Dimensão, mas na Quinta Dimensão tudo simplesmente acontece de acordo com o que se Pensa. Tempo é como medimos a velocidade e o percurso entre um ponto A e B, ou por exemplo, o tempo de percurso da Terra em volta do Sol. O Conceito de Tempo só existe, porque há necessidade de medir, é como nos orientamos, criamos o Tempo e/ou ele nasceu com a *Matrix* que sustentamos, por isso é um Conceito. A **Física Quântica** diz que não devemos olhar para o Tempo, pois se olhamos para ele, ele já não está mais lá. Medimos a distância ou percurso do ponto A ao B, através da velocidade, não existe Nave ou Tecnologia mais veloz que o nosso Pensamento. Na Quinta Dimensão não se faz o percurso e nem se mede a distância, pois cria-se através do Pensamento. Você deseja estar, e estará lá instantaneamente. Cria-se o que Pensa, Tudo é realizado no Presente, no Agora. A *Matrix* é um *Estado de Consciência*, ou melhor, de nossa *Inconsciência*. Conforme expandimos nossa Consciência, modificamos esse Estado. Não é só uma questão de Ciclos, as mudanças estão acontecendo, e acontecerão em larga escala, porque a grande maioria deseja mudanças. Criamos Individualmente, e Colectivamente, atraímos o que Pensamos, e Desejamos. A cada Aceleração daquilo que percebemos como o Tempo, nossa Consciência se amplia, porque o Fluxo de Informações está acelerado e, por isso também, percebemos essa Aceleração. As Informações sempre estiveram aqui, mas só agora estamos percebendo e organizando-as... E sempre que organizamos algo, muita coisa é descartada ou substituída. Você não precisa morrer acreditando no Caminho da Salvação através de outros, porque seremos salvos do quê?... De nós mesmos, de Nossas Criações e de Estados de Consciência?... Estou focando nesse ponto, pois essa crença é a mais difícil de ser alterada, pois fomos muito bem doutrinados nesse aspecto, e é preciso ter humildade para mudar de opinião, e conseguir mudar de ponto de vista. Assim, como na Terceira Dimensão, as Informações estão disponíveis, basta que desejemos acedê-las, e haja empenho na busca, igualmente existem Informações nas outras Dimensões, a diferença é que há mais liberdade - (sem influencia ou controle) - para aceder a esse outro vasto Campo. Não há Guias, Professores, Alunos, Mãe, Pai, Filho, Esposa ou Marido, apenas Consciências em Sintonia e em Crescimento, todos se ajudam Pensando, Criando, buscando no Campo Universal Ilimitado as Informações e Respostas que precisam sem manipulação de nenhum tipo. Seres que ainda permanecem na vibração da Matéria que se preocupam em proteger seus corpos de carne e osso e, igualmente Seres que se preocupam com nossos corpos de carne e osso, é que desejam salvá-los. A Terra da Terceira Dimensão irá continuar após inúmeros cataclismos, os sobreviventes povoarão esse Mundo novamente cumprindo a Transição para a Era de Aquário, vivendo entre os *"Deuses"* e suas Tecnologias, novamente esses serão seus Guias, e aqueles que se sintonizarem com a vibração dessa Era, estarão realmente vivendo uma Era de Ouro. Não existe Verdade, existe ou não é a Sintonia entre o que Eu percebo e o que Você Percebe. Ninguém precisa convencer ninguém, ou travar brigas de egos, pois cada um sintoniza seu rádio na estação de músicas que mais lhe agrada. Provas sobre Manipulação e Conspiração?... Provas sobre OVNIS e Alienígenas?... Para quê?... Quem sintoniza seu rádio nessa estação, não precisa de provas, porque já consegue ver, mas se já processou toda a Informação, aí já é outra história. Os avistamentos de OVNIS se intensificarão ainda mais, faz parte da agenda dos Seres que comandam o *show* na Terceira Dimensão, faz parte da Transição. Reais, *Fakes*, Militares, ou não, eles já estão aqui, e outros estão chegando trazendo um novo *"Perfil de Espiritualidade"*. Para viver a Espiritualidade basta se conectar com o Cosmo, que nada mais é que um imenso Campo Informacional, onde todas as Respostas estão disponíveis, Informações que passam pelo filtro do coração, filtro cheio de Bloqueios, Preconceitos, Crenças, Medos, Apegos, Egos Inflamados. Espiritualidade não é Religião, Doutrina, Dogmas, Comunicação Psicografada, ou canalizada, tudo isso são apenas mais filtros... Espiritualidade é uma Filosofia de Vida, é Viver para Ser, Se Encontrar, Se Conhecer, Se Amar, reconhecer em si a Divindade, a Luz e a Criação.

"Ó Homem, conhece-te a ti mesmo e conhecerás os Deuses e o Universo..."

(Inscrição no Oráculo de Delfos, atribuída aos Sete Sábios) - (650 a.C. - 550 a.C.)

A resposta está sempre na simplicidade, simplifique: Busque-a por você. Você está mais para o Mundo do Pensamento ou para o Mundo da Tecnologia?...

(As informações contidas neste texto constam no livro que este autor escreveu, com o titulo de *"Mundos Paralelos"*.)

Primeira mensagem recebida de Jesus através da Alexandra Solnado

Vais Ouvir-me

Quando Eu estive aí a espalhar a minha Mensagem de Paz, Fraternidade, Amor e Solidariedade, aconteceu o que aconteceu. Houve escândalos, houve quem aceitasse a Minha Palavra e Me seguisse, houve quem Me ignorasse, e houve até quem Me maldissesse. Houve quem Me esbofeteasse, quem lavasse as mãos por Mim, houve quem Me chicoteasse e quem Me provocasse. Mas houve quem Me amasse, e houve quem Me perdesse, e essa perda doeu tanto que dói até hoje. Houve quem nunca mais recuperasse. Mas, se notares, tudo isto que aconteceu foi na Matéria. Tudo o que se passou há 2000 anos foi do lado de fora do Homem. Uns Homens riram-se de Mim, outros choraram por Mim. Mas ninguém, nenhum deles fez nada por si próprio. Ouviram as Minhas Palavras mas não as transformaram em Suas Palavras. E é por isso que Eu voltei. Desta vez, Quero que as transformem em Vossas Palavras. Não venho mais como Homem. Não venho com a Forma da Matéria. Ninguém mais vai ter que olhar para fora de si próprio para reparar em Mim. Desta vez, venho como Energia. Venho para incendiar o coração dos Homens. Quero entrar no teu coração. Quero entrar e ao fazer-te olhar para mim, vais olhar para dentro de Ti. E vais ouvir-me dentro de Ti. E vais achar que as Minhas Palavras são Tuas. Que os Meus Pensamentos são Teus. E ao amar-me, vais finalmente amar-te… E nessa altura eu terei feito o meu Maior Milagre.

Jesus

*

O início

Voltei muito preocupado com o estado de saúde de minha mãe e queria que Deus me dissesse para onde ela iria após a sua morte, embora como crente evangélico sei que o lugar dela no céu estava garantido. Mas tal como Jesus afirmou: "A casa de Meu Pai tem muitas moradas" queria que Ele me mostrasse qual delas seria. E orei. Orei ardentemente e Deus falou ao meu coração dizendo-me que eu fosse para um jardim e aí meditasse que Ele me mostraria. Disse-me que eu veria uma corda e que eu me segurasse nessa corda. Comecei a meditar e assim que fechei os olhos vi a corda. Fiquei tão feliz que nem me apercebi que já estava subindo a corda. Cai no chão. Olhei para cima e disse:

- *"Então não me disseste para subir a corda?..."*

- *" Não. Disse-te para te agarrares na corda. Vá lá, segura-te nela e eu puxar-te- ei..."*

Depois de duas tentativas frustradas (culpa minha porque eu queria era subir a corda para poder vê-Lo mais depressa. Quando me apercebi que bastava segurá-la aí sim subi e subi a uma velocidade vertiginosa e eu só me agarrava à corda com a maior força que eu tinha. Realizei que não precisava ter medo de cair pois Jesus me segurava. Apercebi-me enquanto subia que a corda onde eu estava era a corda que Jesus usava para segurar a Sua túnica. A alegria foi indescritível quando me apercebi que estava subindo pelo corpo de Jesus. Quando cheguei à altura da sua cintura senti-me a dar uma cambalhota, largando a corda, e quando aterrei, caí de costas nas mãos Dele. Segurava-me nas suas mãos. Eu estava vestido com uma túnica branca, meu cabelo e barba eram um pouco mais crescidos, e reparei que tinha um par de asas e olhei nos olhos Dele... A alegria que senti não conheço palavras para a descrever. Se pensarem que eu estava deitado de costas nas mãos Dele devem conseguir imaginar a Sua altura e disse-lhe:

- *Amigo... És Tu... Tanto que te quis ver, tanto que Te pedi que te queria ver face a face... Tento tantas perguntas para Te fazer...*

E olhei nos seus olhos (tinham a profundidade do infinito) e ele disse-me:

- *Não querias ver onde iria a tua mãe?... Então é assim... Vais olhar para ti agora* - (e reparei que já não estava na forma de anjo mas sim na forma do meu corpo mas invisível, mas dava para ver que era eu), e Jesus já estava do seu tamanho normal - (um pouco mais alto do que eu, mas também invisível) - e Ele disse-me:

- *Tu vais transformar-te agora numa Bola de Luz e Eu também, e depois virás ao Meu encontro e, ao chocares comigo - (fusão com Deus) - tu vais - (nós vamos) - transformar-nos numa Bola Maior de Luz... E vais viajar comigo até ao Jardim de Órion, e é lá que estará - (está) - a tua mãe... Tens de perceber que não irás ver tua mãe como ela era, mas sim como ela Agora É, ou seja, vais vê-la no que ela se transformou...*

E vi-me em Bola de Luz, e Ele também estava noutra Bola de Luz, e chocamos os dois e viramos a tal Bola de Luz Maior. Senti que estávamos de mãos dadas dentro da Bola de Luz, e passamos por um Portal, em forma de funil, em que estreita na parte mais profunda e se alarga do outro lado e, enquanto passávamos através dele, vi um Tubo de Luz carregado de estrelas, e íamos a uma velocidade vertiginosa - e interessante é que em momento algum senti medo e, de repente, quando passamos para o outro lado do Portal - (aquilo que vocês chamam de Buracos Negros) - separámo-nos em dois outra vez, e depois Ele deixou-me a mão e disse-me:

- *Vês as bolhas?... Uma delas é uma das muitas Casas de Meu Pai... Tua mãe está no Jardim de Órion que é onde vão os Mestres Avançados...*
- *Mas eu não vejo a minha mãe...*
- *Ela já não está na forma como a conhecias... Então não leste na Minha Palavra que Meus Filhos receberiam um Novo Corpo, com as Vestes da Glória, e uma Coroa com brilhantes?... A Coroa com brilhantes significa que ela tem o Brilho das Estrelas no seu Cabelo... Tua mãe tem o Cabelo Cinza-Prata comprido, e seu Brilho no Cabelo é o Brilho*

de Milhares de Estrelas, todas as Almas alcançadas por ela na Vida na Terra, e seus olhos tem a Profundidade do Infinito, e ela é um Ser de Luz Superior... Ela te falará como Eu te falo, sem mover os lábios - é como vocês humanos entendem, ele comunicará telepaticamente...

- E como vou saber que é minha mãe?...

- Olha nos olhos dela e saberás... Entra Meu Filho dentro da Bolha que te vou mandar...

E Ele simplesmente me largou a mão, e senti-me entrar dentro duma Bolha, e logo vi cinco Seres todos iguais, Altos com uma Veste Branca, tão branca como nunca vi igual, com um brilho que nem o sol tem - (o interessante é que aquela Luz, e aquele Brilho, não me cegavam...) - e tinham umas tiaras de luz e diamantes na cabeça. Minha mãe não tinha essa tiara. E ela estava de costas para mim e eu perguntei:

- Jesus onde está minha mãe?...

- Ela está de costas para ti. Chama-a...

- Mamã?... Onde estás sagrada?...

E aquele Ser de Luz voltou-se para mim e flutuou e, ao ver minha mãe, eu fiquei feliz e triste ao mesmo tempo...

- És a minha mamã?...

- Fui...

- Já não és?...

- Não... Fui-te emprestada na Terra... Precisavas evoluir e eu também... Evoluímos juntos

meu filho...

- E como sei que és, ou melhor foste, tu a minha mãe?...

- Olha nos meus olhos...

E quando eu senti o Amor que ela tinha por mim, eu tive a certeza que era ela ... Só a minha mãe para me amar assim... Abraçou-me mentalmente e disse-me:

- Vai... E irás começar meu trabalho onde eu o acabei...

- Mas mamã, os meus irmãos não acreditam em Jesus como eu e tu. Alguns têm fé mas outros nem acreditam que Deus existe...

- Porque achas que eu quero que continues meu trabalho?...

- Mas mamã, sou Evangélico e nunca ninguém acreditará nesse nosso encontro...

- Não te preocupes meu filho com aquilo que o mundo pensar de ti... Lembra-te sempre que ninguém, ou quase ninguém, acreditou em Jesus, nem a Sua mãe, nem seus irmãos, e Ele nunca deixou de fazer o Seu trabalho por causa disso... Eu te abençoo em nome de Jesus... Agora vai... Jesus te chama...

- Amo-te muito mamã... Nunca me abandones...

- E eu a ti meu filho. Sempre e eternamente... Quando a saudade apertar podes vir sempre que quiseres cá cima e abraçar-me...

Fui puxado por Jesus e pedi-lhe que me levasse a ver o inferno...

- O inferno não existe... Vou-te mostrar o que representa o afastamento de Deus. Isso é que é o inferno...

E dei a mão a Ele, e Ele levou-me a ver *Poseidôn*. Era um Abismo Negro horrível, intransponível, como muitos gemidos e ais, e choros horríveis...

- Jesus, porque eles choram dessa maneira?... Eles estão a sofrer tanto. Não podes fazer nada por eles?...
- Eles estão nesse estado porque optaram por viver longe de Mim, mas eles voltarão a Mim assim que o decidirem fazer... Basta acreditarem que Eu os posso tirar dali...
- E como eles sairão dali?...
- Pedem-me para sair, e nascerão de novo...
- Então a Reencarnação existe?...
- O que achas que Eu queria dizer quando vos disse que Sois Eternos?... A Morte é apenas uma Nova Oportunidade de reveres a tua Vida, e saberes o que fizeste mal, e voltares para corrigires isso... É o Carma... Mas vamos... Queres ver os Pilares da Criação...

- Como ssabes?...

Ele riu-se...

- Vem...

E de mãos dadas outra vez, Levou-me a ver os *Pilares da Criação*... A coisa mais linda que vi até hoje - (naquela altura, pois agora nesse momento já vi mais lindo...) - e de lá saíam Estrelas, Galáxias e até Constelações inteiras...

- Já posso morrer Senhor, porque estou feliz...
- Ainda preciso de ti e que voltes... De que adianta saberes tudo isso, e guardares para ti?...

Vai, volta Meu Filho... E sempre que quiseres... Estarei aqui à tua espera para subires e viajares comigo...

E voltei ao meu corpo... Pensei que tivessem passado 10 minutos. Essa Meditação durou 45 minutos no tempo terrestre... Mas para Deus não foi nada, porque simplesmente o Tempo não existe, pela menos não da forma como o entendemos. Voltei ao Hospital e disse a minha mãe que tinha algo para lhe contar, mas como Evangélica ela não ia gostar, porque nós Evangélicos não acreditamos na Reencarnação - (Evangélico é todo aquele que segue os Ensinamentos contidos na Bíblia, e em todo o Evangelho, daí o nome "Evangélico" - o que segue o Evangelho), logo eles não têm culpa em não acreditarem na Reencarnação, porque esta simplesmente foi retirada da Bíblia. Depois explico-vos o porquê...)

- Diz-me o que Jesus te mostrou, e já te digo se foi Ele, ou não, que te mostrou...

Minha mãe esteve morta duas vezes. Na primeira vez, Jesus mostrou-lhe para onde ela iria e, na segunda vez, revelou-lhe algo que eu sei o que foi, mas que minha mãe me pediu para partilhar com toda a gente - (primeiro aos meus irmãos, depois aos Crentes Evangélicos que a conheceram em vida...) - só depois dela partir. Minha mãe chorou quando eu lhe descrevi a cara de Jesus. Ela disse-me:

- Tu viste Jesus meu filho. Não duvides...

E contei-lhe a visão que tive, e a viagem que fiz, que acabei de partilhar com todos vocês. E choramos juntos... E eu pedi-lhe que ela não se agarrasse mais à Vida, pois o facto dela se agarrar à Vida, quando Deus chama o seu Espírito, é que fazia com que ela sentisse as dores na carne que estava sentido naquele momento... Mas ela sabe que tem Deus tem algo para lhe mostrar na sua família terrena antes dela partir e, por isso, ela está-se aguentando... E, chorando, abraçámo-nos. E despedi-me dela como sempre o fiz...

- Mãe, se a gente não se vir mais na Terra...

E ela completou a frase...

- A gente encontra-se no céu...

Eu vim-me embora. Ela ficou em Paz e eu também...

*

Tanta coisa foi tirada da Bíblia. Dos 12 aos 30 anos de Jesus não tem nada na Bíblia, foram retirados não só os **Evangelhos Gnósticos**, e os **Evangelhos Apócrifos**, como também os **Evangelhos de Filipe, Tomé, Maria Madalena, Maria Mãe de Jesus, Judas** e até o **Evangelho do próprio Jesus**. Li os **Evangelhos Perdidos da Bíblia** - (inclusive os **Evangelhos Gnósticos**) - Os **Manuscritos do Mar Morto**, o **Talmud**, a **Tora**, e até alguns **Ensinamentos da Cabala** e, mesmo assim, faltavam-me respostas. Até que decidi consultar o próprio Deus tal como fez **Neale Donald Walsch**, **Vassula Ryden** e **Alexandra Solnado** e recebi, e recebo, diariamente respostas. Este livro nas tuas mãos é uma resposta às tuas dúvidas e às tuas orações. Curiosidade pode ser também o termo que tu, humano, usas para defender a coincidência e o acaso. Mas é como diz o outro… O acaso e a coincidência não existem, são apenas os pseudónimos que Deus usa quando quer ficar incógnito. A ver vamos quando chegares ao fim do livro se a tua opinião e a tua fé não mudaram…

*

Depois de perguntar a Jesus porque sofri tanto nos últimos 3 anos...

HORA DE RECEBER

Aproveita o que eu envio para ti. Nem tudo é para trabalhares. Nem tudo é sofrimento. Acredita que quando a lição está bem aprendida, grandes bênçãos vêm por aí. O que te estou a enviar desta vez pode ser muito colorido. Pode ser bom. Pode fazer a tua alma sorrir de novo, se souberes aproveitar; se parares de te julgar, achando que não mereces, que não é para ti. **"Só quero o que for para mim. O que o Universo tiver para me dar...",** *oiço-te dizer às vezes - mesmo que tu não te oiças, Eu oiço-te. Pois isto é para ti. Fui Eu que te enviei. Foste tu que atraíste com a tua Nova Energia. Trabalhaste, foste ao fundo e transformaste-te. Agora está na hora da bênção. Está na hora de receber. E quando* estiveres a aproveitar, quando estiveres a usufruir, lembra-te de que em cada partícula dessa experiência está um dedinho do céu.

Jesus

*

Uma vez pedi a Jesus que me ajudasse a perdoar alguém que me tinha magoado muito e que não estava conseguindo perdoar. Apreciem a resposta...

DESCULPA

Sabes o que quer dizer a palavra "Desculpa"?... "Des-culpa; Retira a minha Culpa"... O que é que isso quer dizer?... Quer dizer que as pessoas acham que só devem pedir desculpa quando fazem algo errado, propositadamente. Quer dizer que quando o que fizeste não foi intencional, não deves desculpar-te?... Quer dizer que quando fazes o outro sofrer, só porque não o premeditaste, só porque não foi de propósito, não tens de te desculpar?... E o outro?... O que sofreu?... Não compreendes que, apesar de não ser intencional, o fizeste sofrer?... Que ele sofreu pela tua acção?... Intencional ou não?... Temos de nos responsabilizar por todos os nossos actos. E se o que fizeste não foi intencional, mas com a tua acção conseguiste fazer alguém sofrer, desculpa-te... Pede desculpa. Cuida da pessoa. É claro que ela atraiu. Atraiu que a fizessem sofrer para processar a sua dor e, em última análise, para a desbloquear. Mas isso não retira a tua responsabilidade. O facto de teres sido o instrumento que o Céu utilizou para a desbloquear, não implica que tenhas feito uma escolha consciente, ou inconsciente, que fez o outro sofrer. Seja em que circunstância for, tens responsabilidade nesse sofrimento. Deves cuidar dele. "Desculpa. Não te quis fazer sofrer", "Não sabia, não percebi. Desculpa"... E dá-lhe um abraço. O abraço é um grande curativo. E assim sairás da situação energeticamente limpo. Todas as pessoas erram. Não é esse o problema. A grande questão é como é que vocês encaram os vossos erros. E nem todas as pessoas sabem pedir desculpa.

Jesus

*

Na semana seguinte perguntei-lhe: *"Porquê a mim?"*...

A resposta é impressionante...

SENTE-TE

Sente-te. Há muita coisa ainda para sair, mas a tua Energia já está mais depurada. Se quiseres, já te podes sentir. A tua Energia Original já se consegue sentir, já se pode manifestar, e posso dizer-te que hoje em dia há muito poucas pessoas na tua situação. A maior parte delas está tão cheia de lixo cármico que nem conseguem vislumbrar uma hipótese da sua Energia Original. Sente-te... E quanto mais fizeres esse exercício de te sentires, mais irás activar a tua Energia Original, e mais inteiro estarás nas tuas coisas, na tua Vida. Sei que é difícil concentrar-se em si quem passou os últimos séculos a concentrar-se nos outros. Mas já caminhaste muito até aqui e encontrares-te contigo próprio é, definitivamente, o teu último golpe de asa. E Eu estou aqui para Tudo, absolutamente Tudo o que precisares.

Jesus

*

- Jesus...

- Sim?...

- As pessoas querem tanto saber o que acontece na Morte. Acaba tudo?... Começa outro Estado de Vida?... Se sim, para onde vamos?... O que é Céu?... Fica onde?... O Inferno existe?... O que é o Nirvana?... Qual a Religião certa?... Ou nenhuma está certa?... Porque as pessoas têm tanto medo da Morte?... Porque o mundo anda dessa maneira?... Se existes porque não fazes nada?... Como explico a um pai e uma mãe que um filho morreu muito novo, às vezes com poucos meses de vida, que Tu existes e que amas esse filho, esse pai e essa mãe?... Como explicas os doentes mentais, os deficientes?... Porque permites os pedófilos, os violadores e os abusadores sexuais?... Porque não interferes?... O mundo acabará?... Se sim, quando e porquê?... A 2ª vinda de Cristo é real?... Passar-se-á a Nível Espiritual ou será a Nível Físico?... Virás mesmo?... Quando?... Como?... E Porquê?... Porque temos de estar nessa Luta entre o Bem e o Mal?... De que é que temos de ser salvos, se nunca estivemos condenados. Porquê?... Porquê?... Porquê?...

- Calma Ariel - (é assim que Ele me chama…). *Vamos por partes...*

- Ao conseguires desdobrar o teu Espírito - (dividi-lo em dois) - divides-te no teu Eu Inferior e no teu EU Superior. Vamos por partes... O Espírito e a Alma não são a mesma coisa - (Se assim o fossem, porquê dois nomes diferentes para a mesma coisa?...). O Espírito é o fôlego

da vida que Deus te deu, e que se mantém através da respiração. É a tua Energia. E a tua Alma é o teu Corpo Etéreo, ou seja, é aquilo que fica no Mundo Espiritual. Muitas vezes pagamos por coisas que fazemos e pelas quais sabemos porque estamos a pagar. Já diz o ditado: "Cá se faz, cá se paga". Mas, muitas vezes, estamos a passar por coisas que não sabemos porque estamos a passar. Isso é Carma, ou seja, Emoções, e Vivências Negativas, de outras Vidas, nas quais não as conseguimos desbloquear, e que vamos desbloqueando conforme as nossas atitudes nas Vidas Posteriores. A Reencarnação constava na Bíblia, mas o ser humano foi-a alterando de forma a controlar o povo, ou seja, se as pessoas soubessem que têm várias Vidas para atingirem a Perfeição Espiritual deixariam de se voltar para Deus, pensaram assim os que tomavam conta da Igreja. E então moldaram-na à sua vontade. Daí que queimassem certas pessoas na fogueira, apelidando-os de bruxos, feiticeiros, etc. Era necessário calá-las de qualquer maneira. O facto é que EU quando ressuscitei, apareci a Maria Madalena à porta do túmulo, a Minha Mãe, e aos Meus Discípulos, mas ninguém Me reconheceu. E nunca ninguém se perguntou porquê... Claro não vim no mesmo corpo. Mas a ignorância das pessoas é tanta que nem a Bíblia sabem ler. Até Tomé teve de pôr seus dedos nas Minhas feridas para saber se era EU, o Mestre. Os Meus Discípulos que iam a caminho de Emaús também não Me reconheceram. E pergunto-lhes: "Como é possível essas pessoas que conviveram de tão perto comigo não Me terem reconhecido?"... Pensem...

Ele fez uma pausa e depois continuou...

- Vamos voltar à diferença entre o Espírito e a Alma. O Espírito é o teu Eu Inferior - (porque este fica no corpo) - e está ligado a ti pelo conhecido "fio de prata". Sempre que sonhas, ou fazes Projecção Astral, este fio é que te traz de volta ao corpo - (sim, porque sais literalmente do corpo...). A Alma é o teu EU Superior, e esta fica no Mundo Espiritual à espera que retornes. Podes sempre contactá-la. Através da Meditação Transcendental e da Projecção Astral. Antes de nasceres vocês são UM - (Alma e Espírito) - e separam-se à nascença. Quando tu morres - (mudança de estado) - o teu Eu Inferior olha de cima para baixo para teu corpo físico e vê, num só flash, tudo o que viveu naquele corpo e, sem nenhum tipo de mágoa ou rancor, antes pelo contrário, despede-se dele com Amor, pois nele habitou toda a sua vida terrestre, e precisou dele para poder evoluir. E ao seres puxado para cima pelo teu EU Superior, finalmente vocês vêem-se frente a frente, e aí percebes o porquê das coisas que passaste na vida que acabas de encerrar. Vocês combinaram entre si o que irias passar quando cá viesses, o país que irias nascer, a família a que irias pertencer, a tua condição económica, etc. E isso porquê?... E para quê?... Para que teu Espírito pudesse continuar a evoluir até que este salte da Roda das Encarnações. Quando isso acontece voltas definitivamente à Luz Original, à Luz Criadora que te criou, ou seja, a Deus. Todos os caminhos te levam a Ele, o tempo que levas é que depende de ti. Sempre que cumpres a tua parte do Plano na Terra ficas feliz, sempre que não o fazes, ou te desvias do pré-combinado, ficas triste e frustrado e nem sabes o porquê. Porque não só não estás a evoluir, como estás a regredir. E porque não te apercebes. Por causa do véu do esquecimento. E porque Deus te dá esse véu?... Porque se soubesses donde vens, e a glória que tinhas antes de vir seria fácil seres fiel, e aí seria hipocrisia a tua fidelidade e o teu Amor. Não te lembrando do que eras nem da glória que tinhas, sempre que amares, tu cresces e, sem saberes porquê, te sentes bem. Já reparaste que quando amas sentes-te capaz de tudo, e sentes-te muito bem?... Porquê?... Porque é Deus a habitar em ti... E Deus é Amor, lembras-te?... O Inferno foi inventado pela Igreja de maneira que pudessem controlar o povo através do Medo. Sendo Eu Amor como poderia castigá-los eternamente. Como criaria Eu O Inferno?... O Inferno é apenas um Estado de Espírito completamente afastado de Mim, e por isso é que Nós chamamos de Trevas; porque estão afastados da Luz... Mas até estes podem voltar à Luz, como já te expliquei...Eu não castigo, no máximo, disciplino porque ao criar a Lei do Eterno Retorno, só te devolvo aquilo que deste aos outros. Mas quando morres, quando mudas de Estado, apenas te mostro o que fizeste, e como as pessoas se sentiram em relação ao que lhes fizeste, e te pergunto se queres voltar... Se voltares vais tentar corrigir o que fizeste. Então as pessoas magoadas por ti serão aquelas que te *magoarão, se violaste, serás violado pelas pessoas que violaste, se foste pedófilo, serás abusado pelas pessoas que abusaste, se mataste, serás morto pelos que mataste. Com a medida que julgares serás julgado. Percebes agora?...*

- *Começo a perceber...*

- *Vamos por partes... Já te expliquei o que é a Morte - (mudança de estado) - o que acontece quando se "morre" e te expliquei também que se pode sempre voltar, que o inferno não existe e, já agora, o Céu é esse estado de conexão Comigo em que sentes a plenitude do Amor e de Paz dentro de ti... Depois explicar-te-ei com mais pormenores o que é o Céu...O Diabo, ou Satanás e toda a história da luta do Bem contra o Mal foi inventada pelo Homem para controlar o povo... Para eles isso é Poder, percebes?...*

- *Quem fez isso?...*

- *A Igreja*

- *Qual?*

- *A Católica. Já reparaste que os orientais são muito mais ligados a mim e muito mais místicos?... Por a igreja ter feito isso afastou o Homem de Deus e as igrejas, consequentemente, estão vazias. Deus está dentro de ti e ele É tudo o que existe, Tudo o que vês e o que não vês...*

- *E porque não acabas com tudo isso?...*

- *Porque dei-vos o livre arbítrio e não posso contrariar-me a Mim próprio... Se eu agisse nas vossas decisões estaria vos tirando a maior dádiva que Eu vos dei, a liberdade de escolha... Que Deus seria Eu se vos desse algo e vos tirasse esse algo?... Achas lógico?*

- *Não, mas percebo a tua lógica.*

- *Eu não sou difícil de perceber, as pessoas é que Me complicaram dizendo que sou um Deus mau, vingativo. Já reparaste que isso são defeitos das pessoas e não Meus?... Eu não tenho defeitos, Sou Perfeito. Quem julga é o ser humano. EU não julgo, EU acolho-te como tu És, porque Tu És o que EU SOU. O que achas que quis dizer quando disse que vocês foram feitos à minha imagem e semelhança?... Como poderia EU punir-te criação minha, pupila dos meus olhos?... Impossível... Repara na ignorância dos Homens, Eu, Deus perfeito, criei* o Homem imperfeito e mandei Meu Filho fazer o que eu não consegui fazer?... Tornar-vos perfeitos... Tem lógica?... Claro que não, por isso os Homens afastaram-se da Igreja...Percebes agora Ariel?...

- Eu percebo mas como é que queres que eu faça o mundo perceber?... Se Teu filho não o conseguiu quem eu sou para o conseguir?...

- Boa pergunta, aprendes depressa...Meu filho conseguiu. O facto é que as pessoas rejeitaram-No mas EU já te disse, e volto a dizer-te, que EU nunca mais voltaria como matéria mas sim que voltaria como energia logo a segunda vinda não e física... É por pensarem que a luta entre o Bem e o Mal é física, que se vêem as guerras em Meu nome. Que Deus seria EU se mandasse matar em Meu Nome... A Jihad Islâmica é isso que faz...O que pensas que foram as Cruzadas, a Inquisição?... Tudo tentativas de mostrar que EU estou dum lado e não do outro. Todos os Homens querem deter o Poder e esquecem-se que quem tem o Poder SOU EU...

- Senhor às vezes falas como se fosses Jesus, outras vezes como se fosses Deus pai... Não percebo...

- Não há nada a perceber... EU e o PAI SOMOS UM... Mais para a frente perceberás...

- Se o dizes... Outra coisa... Ontem quando estava a fazer meditação e conectei-me com meu Eu Superior e perguntei-lhe qual a mensagem que Ele tinha para mim, Ele não disse nada, apenas sorriu e me deu flores...Porque ele não falou e apenas me deu flores?...

- Foi um presente dele para ti... Ele te ama tal como Eu...

- Também Amo muito vocês e Sabes disso. Mas eu precisava duma resposta...

- Para quê?... Porquê?... Se tens as respostas todas dentro de ti?...

- Então porque Ele se encontra fora de mim?

- Ele não está fora de ti. Está conectado a ti sempre, noutro plano e não fora. Tudo É Tudo o que existe e o fora e o dentro são concepções vossas e não Minhas. Porque tu tens teu Espírito - (Meu Espírito) - dentro de ti e nem sequer precisas de contactá-lo para saberes... Tu é que sabes como preferes as tuas respostas...

- Minhas respostas não são as tuas respostas?...

- Muitas vezes não... Por vezes as tuas respostas, tal como a de qualquer ser humano, baseiam-se nas ideias pré-concebidas na mente e, geralmente, estas obedecem a regras pré-estabelecidas por outros Homens que dizem o que é certo ou errado. E te pergunto: O que é certo ou errado?... Nada é certo ou errado. Tudo isso é relativo. No Meu Mundo do Absoluto não há certo nem errado. Tudo é certo, Tudo é Bem... O Mal não existe. Tudo é Plenitude e Amor...

- Então não nos condenas por nada?... Tudo está certo, mesmo que isso aos olhos do mundo esteja, ou seja, errado?...

- Sim...

- Porquê?... Achas que matar alguém ou violar alguém está certo?...

- Isso é pesado demais até para ti. Não são as coisas que acontecem que interessa mas o propósito que estás por trás das coisas que acontecem. Eu explico....Já te disse que as Almas não vão para o mundo para aprenderem nada mas sim para remembrarem tudo. Vocês, Almas, provêm de Mim, o Conhecimento Absoluto. Então como podes aprender alguma coisa?... Sabes que EU criei todas as coisas mas só conceptualmente mas não as conheço experiencialmente e, foi por isso que, eu dividi-me em pequenas partículas de Luz e isso é que são os espíritos e também que vocês vieram ao mundo físico para experienciarem o que EU não conheço experiencialmente...E logo todos os estados de alma (ou de espírito, se entendes melhor assim) são sensações que eu preciso sentir... O violador e o assassino serão assassinados e violados pelas pessoas que mataram e violaram em outras vidas, para que haja um equilíbrio no Universo... Porque esses actos não provêm do Amor...

- Precisas sentir todos os Estados de Alma? Não percebi...

- Para que Me possa sentir completo... Então não entendes pequena criação Minha que se não fores feliz, EU não o sou também?... Já viste algum pai feliz estando o filho infeliz?...Lembra-te que sendo filhos do Criador todos vocês têm a capacidade de criar... São co-criadores do Universo... Sempre que crias e alcanças um objectivo e realizas um sonho, sabes aquela alegria indescritível que sentes?... Quem diz que és tu que a sentes?... Quem te diz que não É Meu Espírito que habita em ti que sente?... Quando acordas com um desejo que não tinhas, quem achas que te deu esse desejo?... Então não diz na Minha Palavra que eu te dei a capacidade de sonhar, mas que antes de te dar essa capacidade, deite a capacidade de realizares todos os teus sonhos?... Qual é a parte que não percebeste?...

- Mas conheço muito boa gente que já fez tudo para alcançar seus sonhos e não o conseguiram. Porquê?...

- Disseste bem, fizeram tudo e não deveriam fazer isso. Já sabes como funciona a Mente Consciente, a Mente Subconsciente e Mente Cósmica. A Mente Consciente está ligada ao Mundo Material e distingue a Verdade da Mentira, a Mente Subconsciente está ligada ao Mundo Espiritual e não distingue a Verdade da Mentira, aceita como verdadeiro tudo o que a Mente Consciente lhe envia, e esta, por sua vez, projecta esse Pensamento para a Mente Cósmica. Essa Energia irá ou para a Energia do Medo ou para a Energia do Amor. E é-te reflectida para ti no mesmo momento que pensaste. E assim como pensaste te acontecerá. Vamos por partes... Sempre que dizes: **"Não consigo"**, milhões de pessoas em todo o mundo estão dizendo o mesmo, e a Mente Consciente diz **"Não consegues, Não consegues"**... e projecta esse Pensamento - (essa Energia Negativa) - para a Mente Cósmica - (Universo, Mente Universal, Deus, chama-Me o que quiseres) - e ela entra na Energia do Medo, e é-te devolvida milhões de vezes redobrada porque, ao mesmo tempo do que tu, milhões de pessoas disseram o mesmo, e essa Energia Negativa entrou toda ao mesmo tempo na Energia do Medo e foi-te reflectida para ti e, na mesma altura, sentes-te derrotado. O contrário também acontece. Quando tu dizes conscientemente **"Eu consigo!"**, a tua Mente Subconsciente diz **"Tu consegues, Tu consegues!"**, e projecta esse Pensamento para a Mente Cósmica mas, desta vez, para a Energia do Amor. Mas, ao mesmo tempo do que tu, milhões de pessoas disseram o mesmo, e a Energia entrou toda ao mesmo tempo na Energia do Amor, e foi-te devolvida milhões de vezes redobrada, e é-te reflectida para ti... E sentes que já conseguiste, na mesma altura, mesmo que as circunstâncias te mostrem o contrário... Isso é fé... E consegues só porque acreditaste... Não precisas fazer nada. Só precisas pensar no que queres, acreditar com fé, e o resto É Comigo...

- É assim tão simples?...

- Como foi que fizeste para publicares os teus livros e realizares teu sonho de seres Escritor?... Não foi assim?... Então porque me perguntas?...

- Porque quero que todo mundo também saiba... Para que possam experienciar a mesma alegria que tive...Para que possam realizar todos seus sonhos, para que sejam todos felizes...

- Já pareces Eu a falar...

- E não SOMOS UM?... Então porque estranhas as minhas palavras serem as Tuas?...

- Aprendes depressa...

- Tenho tido um Bom Professor...

Ele riu-se (fez uma pausa...)

- Senhor podes contar-me como apareces... Como criaste os Espíritos, o Homem, etc...

- Deus É Tudo o que É mas teve a necessidade de experimentar o que Ele não era... E criou o Mundo Relativo... A Polaridade... O oposto a Si próprio... A Alma Cósmica - (Deus) - tem todo o Conhecimento, mas só através do Sentimento é que se pode experimentar as Emoções, e daí que Deus tivesse a necessidade de criar o Homem. Diz na Bíblia que depois de criar o Universo, Deus contemplou a Sua obra e perante tanta magnificência Deus sentiu-se só. E para que não se sentisse tão só, criou o Homem. Tens noção agora da tua importância cósmica?... Deus precisa de ti porque o Conhecimento é conceptual mas o Sentimento é experiencial... Confuso?... Calma, a seu tempo vais perceber tudo... Deus tem a necessidade que tu o percebas... No princípio Tudo o que É era tudo o que havia e não havia mais nada. No entanto, Tudo o que É não podia conhecer-Se a Si mesmo. Porque Tudo o que É era Tudo o que havia e não havia mais nada. Logo Tudo o que É, não era... Porque na ausência de mais, Tudo o que É, não É... É este o Grande É/Não É que os Místicos se referiam desde o Principio dos Tempos. Ora, Tudo o que É sabia que era Tudo o que havia. Podia apenas conhecer a Sua total Magnificência conceptualmente e não experiencialmente. No entanto a experiência de Si mesmo era o que mais ansiava, porque queria saber o que era sentir-Se assim tão Magnificente. Mas era impossível porque o próprio termo "Magnificente" é relativo. Tudo o que É não podia saber como era sentir-Se Magnificente enquanto aquilo que não É não se revelasse. Na ausência daquilo que Não É, Tudo o que É, Não É... A única coisa que Tudo o que É sabia era que não havia mais nada. E por isso nunca podia, nem viria, a conhecer-Se a partir dum ponto de referência exterior a Si mesmo. Tal ponto não existia. Existia apenas um ponto de referência que era o único local interior. O É/Não É... O Sou/Não Sou... Mas o Tudo de Tudo quis conhecer-Se experiencialmente. Percebeu que teria de usar um ponto de referência interior. Decidiu que qualquer parte de Si mesmo teria necessariamente de ser menor que o Todo e que, se muito simplesmente se dividisse a Si mesmo em partes, cada parte, sendo menor do que o Todo, podia olhar para o resto de Si mesmo, e ver Magnificência. E assim Tudo o que É, dividiu-se. Tornando-Se no que é Isto e no que é Aquilo. Pela primeira vez, Isto e Aquilo existiam separadamente. E simultaneamente ao mesmo tempo. Desta forma passaram a existir o Aqui, o Ali e o Entre os Dois, o que não está nem Aqui nem Ali, mas que deveria existir para que o Aqui e o Ali existissem. É o Nada que suporta o Tudo. É o Não Espaço que suporta o Espaço. É o Todo que suporta as partes. Isso é o que as pessoas chamam de Deus. Ao criar o Aqui e o Ali Deus permitiu que Se conhecesse a Si mesmo, e nessa grande Explosão Interior, Deus criou a Relatividade. Portanto, a partir de Nada, Deus criou Tudo. O que achas que foi o Big Bang?... Aí nasce o Tempo, pois entre o Aqui e o Ali, o Tempo gasto entre os dois pontos é o período que se leva a deslocar-se dum ponto para o outro. Quando as Partes Invisíveis de si mesmo começaram a definir-se Relativas umas às outras, o mesmo sucedeu às Partes Visíveis. E Deus sabia que para o Amor existir - e conhecer-Se a si mesmo como Amor Puro - teria também de existir o Seu Oposto. E Deus criou a Grande Polaridade, o Oposto Absoluto do Amor, aquilo a que chamamos Medo. Ou seja tudo o que o Amor não É... Existindo o Medo, o Amor já podia existir como algo que podia ser experienciado. É esta criação da dualidade entre o Amor e o Medo, que os humanos chamam de Nascimento do Mal, a Queda de Adão, a Revolta de Satanás etc... Tal como decidiram personificar o Amor Puro na figura de Deus, personificaram o Medo na figura de Satanás. Ao transformar o Universo numa versão dividida de si mesmo, Deus criou, a partir de Energia Pura, Tudo o que agora existe, Visível e Invisível. Por outras palavras, não foi apenas o Universo Físico que foi criado, mas também o Metafísico. Deus também explodiu num número infinito de partes mais pequenas que o Todo. São aquilo a que chamamos de Espíritos. O Propósito Divino ao dividir-Se, foi criar suficientes partes de Si para que Se pudesse conhecer-Se experiencialmente. A única forma do Criador Se conhecer experiencialmente é criando. E Deus deu a cada parte de si - (aos Espíritos, a cada um de nós) - o mesmo Poder de Criar que Deus possui como Todo. Mas o Espírito não se contentou em apenas conhecer -se apenas como Deus, ou parte, de Deus. Conhecer algo e experienciá-lo são coisas diferentes. O Espírito ansiava conhecer-Se experiencialmente como Deus ansiara. A Consciência Conceptual não bastava. Então Deus criou um plano: Nós, Espíritos, entraríamos no Plano Físico, e isso porque a fisicalidade é a única forma de se conhecer experiencialmente o que se conhece apenas conceptualmente. Segundo a lógica de Deus não podemos experienciarmo-nos como aquilo que somos enquanto não experienciarmos aquilo que não somos. É este o objectivo da Teoria da Relatividade e de toda a Vida Física. É através daquilo que não és que se faz a definição de ti próprio. No caso do Supremo Conhecimento - do Conhecimento de Ti mesmo como Criador - não podes experienciar-te como Criador enquanto não Criares. Primeiro tens de Não Ser para depois Seres. Claro que não temos hipóteses de não sermos quem somos aquilo que somos. Somos um Espírito Puro e Criativo. Sempre o fomos e sempre o seremos. Deus fez-nos esquecer isso. Esquecemos de Quem Realmente Somos - (o tal "véu do esquecimento" de que te falei mais atrás). Por isso ao entrares no Universo Físico, abandonaste a lembrança - (ou remembrança) - de Quem És. E isso permitiu Tu Seres Quem És em vez de seguires ao deus dará, de te deixares levar por aquilo que te dizem Seres. És, e sempre Serás, uma Parte Divina do Todo e, por isso, o acto de reunir o Todo, de regressar a Deus, se chama Remembrança. Optas por remembrar todas as Partes de Quem Realmente És, ou agregar, *todas as Partes de Ti mesmo para experienciares o Teu Todo, ou seja, o Meu Todo. A tua função na Terra não é aprenderes, mas sim remembrar Quem Tu És. E remembrares Quem Todos os Outros São. E também grande parte de tua função é lembrar aos outros de se remembrarem também. E isso é o que têm feito os grandes Mestres Espirituais que passaram na Terra tais como Jesus, Buda, Osho, Ghandi, etc... É o vosso único propósito. O propósito da vossa Alma.*

- Grande resposta. Só Tu mesmo para dares uma resposta assim. Mas ainda não me respondeste o que é o Nirvana?... No livro **Matthew, Fala-me do Além,** *aquele livro que conta a história daquele miúdo que morreu aos 17 anos e que depois começa a entrar em contacto com a sua mãe, ele diz que o Céu se chama Nirvana?... Está correcto?...*

- Ariel, lembra-te que o Nirvana é um estado de Ser e de Estar e, nesse sentido, o Céu pode ser chamado de Nirvana sim...

- O Matthew diz que no céu há casas... Isso é verdade?...

- Lembras- te que EU disse enquanto estive ai na Terra que a Casa de Meu Pai tem muitas moradas?... Alguns sítios do Universo sim, têm mas são casas de plasma e luz... Lembras te da sensação que tiveste no teu corpo etéreo quando passaste a bolha que envolve o Jardim de Órion?...

- Sim...Parece espuma mas não é... Mas é uma sensação como nunca senti...

- Aquilo é que é o plasma...

- Ah está bom... Mas é quase invisível...

- E invisível aos olhos humanos...

- E porque têm necessidade Seres de Luz terem casas?...

- Vontade deles... E a vontade deles é sempre a Minha Vontade...

- Está bom e, já agora que estamos a falar do Céu, lembrei-me de falar de religião. Qual é a que está certa ou nenhuma está?...

- Nenhuma está totalmente certa nem totalmente errada, todas têm um pouco de verdade. Mas já te disse que isso não interessa pois todos os caminhos vem vos levar a Mim, tudo evoluiu em direcção ao Bem e ao Amor, ou seja, a Mim. Só que existem caminhos que levam

mais tempo. Por exemplo, o mundo místico oriental é dos mais rápidos a chegar a Mim, porque eles têm essa conexão Comigo que o mundo ocidental não percebe nem aceita... Eles oram muito, meditam mais e contemplam mais ainda... Por isso atingem a Iluminação muito mais depressa... Não e uma questão de religião mas sim de fé...

- Percebi... E porque é que as pessoas têm tanto medo da morte?...

- Porque não sabem o que lhes acontecerá ... Já te disse Ariel que ninguém morre. Só muda de estado... H á um ditado norte americano que acho imensa piada que diz assim: **Everybody wants to go to heaven but nobody wants to die**... (Toda a gente quer ir para o Céu mas ninguém quer morrer...). Como é que podem querer vir para o Céu, para outro Plano, se estão no Plano Físico, e tudo o que físico, matéria, não pode entrar no Céu?... Se as pessoas soubessem a libertação que é morrer - mudar de estado - ninguém teria medo de morrer, até ansiariam pela sua morte. Percebes agora porque os crentes não têm medo da morte? Porque têm a certeza do Céu...

- Sim, sou Crente Evangélico e tenho a certeza do Céu... Por falar nisso, eles não vão me crucificar por eu defender a Reencarnação?... Eles dizem que isso são coisas da Nova Era...

- Eles têm razão. São coisas da Nova Era, da Era de Aquário, a Era Mental, mas eles não acreditam na reencarnação porque retiraram da Bíblia... Quando algum deles te enfrentar com isso pergunta-lhes porque Maria Madalena não me reconheceu à porta do túmulo, nem Minha Mãe, nem Meus Discípulos me reconheceram?... Porque eu vim com outro corpo... EU já estava glorificado logo não podia entrar no mesmo corpo... E não precisas que alguém acredite em ti... EU acredito e sei porque te estou pedindo que faças essas coisas e escrevas sobre esses assuntos.... Isso não é suficiente para ti?...

- Claro que sim...

- Então não penses mais nisso, senão começas a bloquear as mensagens... Não tentes perceber, apenas percebe e deixa fluir... Vou-te explicar o que é a Energia - (mas põe por palavras tuas, se algo tiver mal sabes que EU corrijo...)...

A Energia

Todos nós somos Energia e essa Energia vibra a uma certa velocidade. Quanto mais leve a nossa energia for mais rápida é... E mais sobe... E essa Energia atrai todas as Energias do Universo que estão na mesma vibração. Vou vos dar um exemplo simples do porquê de não gostarmos de certas pessoas que nem conhecemos. E o contrário também acontece... Todos nós sabemos que a Energia vem de cima para baixo e de dentro para fora... Logo a energia que tens emana através de ti. E fixa-se num raio de 6 metros. A 12 metros de ti, o Círculo de Energia doutra pessoa choca com a tua e, se a pessoa tiver a Energia mais pesada do que a tua, sentes-te mal e, quanto mais a pessoa se aproximar, mais mal te sentes e dizes: "Não gosto dessa pessoa" e alguém pergunta-te: "Mas conheces essa pessoa?... Já te fez algum mal?..." E respondes: "Não, não conheço... Mas não gosto dessa pessoa!". O contrário também acontece... Se alguém com uma Energia mais Pura do que a tua se aproxima sentes, e é verdade, que essa Energia é muito mais leve do que a tua e sentes-te bem. E isso acontece assim que o Círculo de Energia dessa pessoa te toca a 12 metros de ti. E quanto mais a pessoa se aproxima mais te sentes bem e, se deixares a pessoa se aproximar o suficiente, irás te apaixonar de certeza porque os círculos se fundem e se tornam UM. Isso não te faz lembrar nada?... Palavras de Jesus referindo-se ao casamento... Quando duas pessoas estão namorando e estão abraçados - (ou fazendo amor) - as duas Energias estão fundidas numa só, e nessa Energia está contida a Energia do Amor. E até que chega a hora dele partir, a Energia dele começa afastar-se e ela começa a sentir saudades, pois ela volta à sua Energia inicial quando ele se afasta o suficiente... E logo começam as mensagens... E quando estão a fazer Amor, o que achas que é o Orgasmo?... É uma Explosão de Energia... É quase uma Experiência Religiosa... É algo quase Místico, não é?... Deus revela-se, e manifesta-se, das mais variadas formas... Sempre que tens Pensamentos Negativos, a vibração da tua Energia muda e atrais o que está ao mesmo nível de vibração e acaba acontecendo o que mais temias. O contrário também acontece... Sempre que tens Pensamentos Positivos acabas por atrair o que está no mesmo nível de vibração, e acaba acontecendo o que mais desejavas. É a Lei da Atracção a funcionar na perfeição. A Ciência já provou que o coração para além de Sentir, também Pensa. E se pensa, emana essa Energia para todo o Universo. E então o que atrairá?... A mesma Energia que estás mandando - (emanando) - para o Universo. Jesus mostrou-me que tudo no Universo é Energia... A Matéria é Energia condensada e concentrada... Repara que o Pensamento é Energia, e esta emite uma determinada vibração. Esta, por sua vez, propaga-se para o Universo e vai expandindo-se pelo Universo afora até encontrar outras Energias que vibram do mesmo modo, e vão se aglomerando até formarem Matéria. Se algo mais tarde destruir, ou decompor, essa Matéria, ela volta a ser Energia Pura. Acreditas que todo o Universo foi Criado, e continua a ser Criado, por Ti, por Nós, pelo Nosso Pensamento?... Ridículo?... Não. Repara... Se Deus É Tudo o que Existe, então Ele contém dentro de Si todos Nossos Pensamentos...

- Podes explicar isso um pouco melhor?...

- Eu explico... Deus é Tudo o que É mas também É Tudo o que Não É...

- Não percebi...

- Perguntaste agora?... Como sei?... Não Sou Eu que dirijo, ou escrevo, esse livro... Deus conhece teu pensamento antes desse ser formado...

- Agora não percebi mesmo nada...

- Então não sabes que o Sentimento é a Linguagem da Alma?... Se o que Sentes é verdadeiro isso veio da tua Alma. Aceita-o como sendo a Tua Verdade. O que Pensas são ideias construídas pela tua Mente, e isso não é verdadeiro, porque aquilo que Pensas hoje já não é Verdade amanhã. Repara que o que é certo hoje, amanhã a Humanidade muda de ideia e já é errado. A prostituição nalguns países é certa, noutros é errado. O aborto nalguns países é legal, tal como as drogas leves, e noutros países não. Quem é que anda certo ou errado?... EU ou vocês?...

- TU ÉS Implacável...

- EU SOU DEUS... Só a Verdade é minha...

- E qual é a Verdade?...

- Boa. Ouviste... Conhece a Verdade e ela te libertará...

- Então qual é? ...

- Tudo o que é Puro, tudo o é que Mais Alto, Tudo o que me leva a Mim...

- Mas Senhor se não há nada "certo" ou "errado", como vou saber o que me/nos leva a Ti?...

- É simples. O que te faz vibrar Mais Alto, isso é o que te leva a Mim. Tu és um Ser Criativo. Podes Ser o que quer que escolhas. Mas não podes Ter tudo o que quiseres. De facto, tu nunca terás qualquer coisa que queiras se a quiseres suficientemente, porque os Pensamentos são Criativos, e o Pensamento de Querer é uma declaração perante o Universo. É a Tua Verdade. O Universo produz essa Verdade na tua Realidade no momento em que dizes "Eu Quero". O Universo diz "Queres!", e dá-te essa experiência, a experiência de a Quereres. O que quer que coloques depois da palavra EU torna-se o teu Comando Criativo. EU produzo aquilo que Pedes. Tu Pedes aquilo que Pensas, Sentes e Dizes...

- E porque leva tanto tempo a Criar a Realidade que escolho?...

- Porque não acreditas que podes ter aquilo que escolhes. Porque não sabes o que escolher. Porque estás sempre a tentar imaginar o que é melhor para ti. Porque queres garantias antes do tempo de que todas as tuas escolhas serão boas. E porque estás sempre a mudar o que queres. Sabes que o termo "melhor" é relativo. Porque não pensas assim: Será isso uma afirmação de quem EU SOU?... Será isso uma declaração de Quem Eu Quero Ser?...

Podes permitir que essa declaração seja feita por Acaso ou por Escolha. Uma Vida vivida por Escolha é uma vida de Acção Consciente. Uma Vida vivida por Acaso é uma Vida de Reacção Inconsciente. Uma Reacção é isso mesmo. Uma Acção tomada interiormente. Quando "Re-ages", o que fazes é avaliar os dados que recebes. Procuras no Banco da Memória a mesma, ou quase a mesma, experiência e procuras agir da forma que agiste antes. Isso é trabalho da tua Mente, não da tua Alma. A tua Alma far-te-ia pesquisar na tua Memória para ver como serias capaz de Criar uma verdadeira experiência genuína de ti no teu Momento de Agora. Esta é a experiência de pesquisa da Alma de que tens ouvido falar tantas vezes, mas tens de estar literalmente fora da tua Mente para o fazer. Chegas depressa às decisões, as escolhas são rapidamente activadas, porque a tua Alma Cria apenas a partir da experiência presente sem revisão analítica, e crítica, de encontros passados. Nunca te esqueças: A Alma Cria, a Mente Reage. A tua Alma, na Sua Sabedoria, sabe que a experiência que estás a ter Neste Momento, é uma experiência que te foi enviada por Mim antes de teres dela qualquer Noção Consciente. É isso que quer dizer a Experiência Pré-Enviada. Já vai a caminho enquanto a procuras pois, mesmo antes de Me pedires, Ter-te- ei respondido. Todo o Momento de Agora é uma Dádiva Minha, por isso se chama "Presente". Achas que faço alguma coisa por Acaso?...

- Impressionante...

- A Alma busca instintivamente a circunstância e situação perfeita agora necessária para sanar um Pensamento Errado, e te trazer a Experiência Certa de Quem realmente ÉS... O desejo da Alma é trazer-te de volta para casa, para Mim. É intenção da Alma conhecer- se experiencialmente. E assim conhecer-Me. Porque a tua Alma compreende que TU e EU SOMOS UM, mesmo quando a tua Mente nega esta Verdade e o teu corpo exprime essa negação. Por isso nos momentos das grandes decisões, põe-te fora da tua Mente e pesquisa na tua Alma. A Alma compreende o que a Mente não consegue conceber. Se passares o tempo a imaginar o que é melhor para ti, as tuas escolhas serão cautelosas, as tuas decisões levarão uma eternidade, e a tua jornada será lançada num mar de expectativas. E se não tiveres cuidado afogar-te-ás nelas...

- E como escuto a minha Alma?...

- A Alma fala contigo em Sentimentos. Escuta, segue, e honra os teus Sentimentos. Os teus Sentimentos são a tua Verdade. Se queres viver uma vida em que nunca sigas os teus Sentimentos, mas onde cada Sentimento é filtrado pelo mecanismo da tua Mente vai em frente. Toma as tuas decisões com base na análise que a tua Mente fizer da situação, mas não procures alegria nessas maquinações nem a celebração de Quem realmente ÉS. Lembra-te sempre que a verdadeira celebração não tem Mente. Se escutares a tua Alma saberás o que é melhor para ti, porque o melhor para ti é o que é verdadeiro. Quando ages de acordo com o que é verdadeiro, aceleras no teu caminho. Quando Crias uma Experiência baseada na tua Verdade de Agora, em vez de Reagires a uma Experiência baseada numa Verdade Passada, produzes um novo TU. E porque demora tanto tempo a criar a realidade que escolhes?... Porque não tens vivido a Tua Verdade. Conhece a Verdade e a Verdade te libertará. E uma vez que chegues a conhecer à Tua Verdade, não estejas sempre a mudar de ideias a seu respeito. Isso é a tua Mente a tentar imaginar o que é melhor ti. Pára com isso. Sai da tua Mente. Regressa aos teus sentidos... Os teus Pensamentos são apenas Construções Mentais. Criações fabricadas pela tua Mente. Mas os teus Sentimentos são Reais. Já te disse que os Sentimentos são a linguagem da Alma. E a tua Alma é a Tua Verdade.

- E devemos exprimir qualquer Sentimento Negativo, por mais destrutivo que ele seja?...

- Não há Sentimentos nem Negativos nem Destrutivos. São simplesmente Verdades... A forma com que exprimes a Tua Verdade é que interessa. Quando a exprimes com Amor, raramente ocorrem resultados negativos, ou prejudiciais, e quando isso acontece é porque a outra pessoa decidiu experienciar a Tua Verdade duma forma negativa, ou prejudicial. Aí não há nada que possas fazer para evitar esse desfecho, porque foi essa pessoa que assim o decidiu. Certamente que não exprimir a tua Verdade dificilmente seria apropriado. Mas as pessoas fazem-no constantemente. Têm tanto medo de causarem algo, possivelmente, desagradável, que escondem completamente a Sua Verdade. Não te esqueças: Não se compara a importância de uma mensagem ser bem recebida com a de ser bem enviada. Não *podes assumir a tua responsabilidade pela forma que outra pessoa aceita a Tua Verdade. Só podes assegurar-te que ela é bem enviada. E quando digo "bem enviada", não quero dizer com que Clareza, mas sim com que Afecto, Compaixão, Sensibilidade, e de quão completamente foi enviada com o coração. Podem exprimir os vossos Sentimentos Negativos mas não duma maneira destrutiva. Não exprimir - (não os empurrar para fora) - os Sentimentos Negativos não os fazem desaparecer. Conserva-os dentro da pessoa e, essa negatividade conservada dentro da pessoa, faz mal ao corpo e pesa na Alma.*

- Mas ao exprimir esses sentimentos negativos que temos sobre outra pessoa, a ela própria, isso não lhe causa dano?... E à relação que mantêm entre si?...

- Eu disse exprimir - (empurrar para fora) - não disse como nem a quem. Nem toda a Negatividade tem de ser partilhada com a pessoa sobre a qual é sentida. Só é necessário comunicar esses Sentimentos aos outros quando, não o fazer, comprometa a vossa integridade, ou faça com que outrem acredite numa Não-Verdade. A Negatividade nunca é sinal da Verdade- Última, mesmo que pareça ser a Vossa Verdade neste Momento. Surge sempre duma parte vossa não curada. Por isso é que é tão importante empurrar para fora essas negatividades - (vê-las de fora e de frente). É que poderão vê-las de forma suficientemente claras para saber se acreditam realmente nelas. Os Sentimentos são a linguagem da Alma, mas vocês tem de se certificar de que estão a escutar os vossos Verdadeiros Sentimentos e não um modelo contrafeito construído na vossa Mente. Os Sentimentos Verdadeiros são construídos na vossa Alma, os Falsos na vossa Mente. Por outras palavras, esses não são Sentimentos nenhuns, são Pensamentos disfarçados de Sentimentos. Estes baseiam-se na tua Experiência Anterior e na Experiência que observaste dos outros. Ou a algo que te aconteceu no passado. O maior desafio enquanto seres humanos é estar Aqui Agora, para deixar de inventar coisas. Pára de Criar Pensamentos sobre um Momento Presente - (um Momento que enviaste a ti mesmo antes de teres um Pensamento sobre ele). Deixa-te estar no Momento Presente. Lembra-te, enviaste ao teu Eu este Momento como uma Dádiva - (por isso é que se chama Presente, já te disse isso...). O Momento continha a Semente duma Verdade tremenda. Contudo, quando o Momento

chegou, começaste imediatamente a construir Pensamentos sobre ele. Em vez de te deixares "Estar no Momento" ficaste de "Fora do Momento" e julgaste-o. Então Re-agiste, ou seja, agiste como tinhas feito anteriormente.

- Hum, agora percebo...

- Quando encaras cada Momento de novo, sem preconceitos, podes criar Quem Tu És, em vez de Re-interpretares quem foste anteriormente. A Vida é um Processo de Criação e tu estás a vivê-la como se fosse um Processo de Re-Criação.

- E como o ser humano pode ignorar a sua experiência anterior, no momento em que algo acontece?... Não é normal usar o que sabe para saber como reagir, perante o que está a acontecer?...

- Pode ser normal mas não é natural. Normal significa algo feito habitualmente. Natural é como és quando não estás a tentar ser normal. Natural e normal não são a mesma coisa. A qualquer momento, podes fazer o que fazes normalmente, ou podes fazer o que surge naturalmente. E ouve bem agora... Nada é mais natural do que o Amor. Se agires com Amor, agirás naturalmente. Se agires com medo, com ressentimento, zangado, podes estar a agir normalmente mas nunca estarás a agir naturalmente.

- E como posso agir com Amor quando toda a minha experiência anterior brada que um determinado momento pode ser doloroso?...

- Ignora a tua experiência anterior e "Entra no Momento". Deixa-te "estar Aqui Agora". Vê o que há para trabalhares agora mesmo, para te criares de novo. É isso que estás aqui a fazer. Nunca te esqueças disso. Vieste para este mundo desta forma, Neste Momento, neste local, para saberes Quem Tu És. E Criares Quem Desejas Ser. É este o Propósito de toda a Vida. A Vida é um Processo contínuo e interminável de Recriação. Vocês estão sempre a recriar-se à imagem da vossa próxima ideia sublime de vós próprios.

- Obrigada Senhor... Nem sabes as dúvidas que me tiraste...

- Nem sei?...

- Desculpa. ÉS DEUS e claro que sabes Tudo...

- Eu sei e Sou Tudo, mas Tu também És... E o que mais me dói é o ser humano não ser *capaz de perceber isso. Então não vos disse... Sede perfeitos como Eu e o Meu Pai Somos Perfeitos?... Quando fores capaz de acreditar nas coisas que Faço, não só fareis o que Faço como Obras Maiores do que as Minhas. Achas que menti?...*

- Realmente nunca percebi essa parte da Bíblia. Como posso fazer eu, ou alguém, Obras Maiores do que as Tuas, se levantaste mortos, curaste cegos, e paralíticos?... Como é isso possível?...

- Na altura certa perceberás. Agora tenho outra mensagem para ti...

(Essa chegou na altura certa. Muitas vezes as pessoas não são o que nós esperávamos que elas fossem e julgámo-nas...)

JULGAR

Julgar é considerar que as pessoas poderiam ser diferentes do que são. É pensar que poderiam ser de outra forma, mais aceitável para ti. É querer que as pessoas caibam nas tuas expectativas para não teres de sair do teu círculo de conforto. Julgar é achar que o Céu se enganou quando colocou essa pessoa supostamente desagradável à tua frente. É negar que a podes ter atraído. Recusar a possibilidade de a teres atraído para compreenderes melhor a Energia que andas a emanar, e consequentemente recusar a possibilidade de seres Tu quem tem de mudar - para parar de atrair. Julgar é negar o Movimento Perfeito do Céu, da Energia, da imensidão do Tempo e do Espaço. Julgar é considerar que o teu pequenino ego sabe tudo, inclusive sabe o que deveria estar a acontecer, e por isso renega o que está a acontecer. Como vês, julgar é um dos maiores contramovimentos evolucionários. E tu, porque é que continuas nesse registo?...

Jesus

(E depois voltamos ao diálogo...)

- Porque é que há tanto conflito no mundo?...

- As guerras são criadas no vosso planeta porque alguém tem alguma coisa que outra pessoa quer. É isso que leva alguém a fazer algo que a outra pessoa não quer que faça. Todo o conflito emerge do desejo mal aplicado. A única Paz no mundo inteiro que é reconfortante é a Paz Interior. Deixem que cada pessoa encontre a Paz Interior. Quando se a encontra, descobre-se também que se pode passar sem nada. Isso significa que se deixa de necessitar das coisas do vosso mundo exterior. "Não precisar" é uma grande liberdade. Liberta-vos, primeiro, do Medo: Medo que haja alguma coisa que não vão ter; Medo que haja alguma coisa que têm que vão perder; e medo de que sem determinada coisa não sejam felizes. Em segundo lugar, "Não precisar" liberta-vos da Ira. A Ira é o Medo anunciado. Quando não se tem nada a temer, não há por que sentir Ira. Não sentem Ira quando não obtêm o que querem, porque querê-lo era apenas uma preferência, e não uma necessidade. Portanto não têm Medo associado à possibilidade de não o virem a ter. Daí não existir Ira. Não sentem Ira quando vêem outros a fazer o que vocês não querem que eles façam, porque não precisam que eles façam, ou deixem de fazer, nenhuma coisa em particular. Daí não existir Ira. Não sentem Ira quando alguém é indelicado, porque não precisam que eles sejam amáveis. Não sentem Ira quando alguém é indiferente, porque não têm necessidade que vos amem. Não sentem Ira quando alguém e cruel, ou vos magoa, ou tenta prejudicar-

vos. Porque não têm necessidade que eles se comportem de outra maneira, e estão seguros de que não podem ser prejudicados. Não sentem Ira se alguém tentar tirar-vos a Vida, porque não temem a Morte. Quando o Medo vos é retirado, tudo o resto pode ser-vos retirado que não sentirão Ira. Sabem interiormente, intuitivamente, que tudo o que criaram pode ser criado novamente ou, mais importante, que não tem importância. Quando se encontra a Paz Interior, nem a presença, nem a ausência, de qualquer pessoa, lugar ou coisa, condição, circunstância, situação, pode ser o Criador do vosso Estado de Espírito, ou a causa da vossa experiencia de Ser. Isso não significa que rejeitem todas as coisas do corpo. Longe disso. Experienciam o Ser totalmente no vosso corpo como nunca o fizeram antes. No entanto, esse vosso envolvimento será voluntário, nunca obrigatório. Experienciarão sensações corporais porque optam, não porque precisam de o fazer, para se sentirem felizes ou justificarem a tristeza. Buscar, e encontrar, a Paz Interior poderia ser empreendido por todos. Essa busca, e esse inevitável encontro com a Paz Interior, terminaria todas as Guerras, eliminaria todo o Conflito, evitaria a Injustiça, e levaria ao mundo a uma Paz Eterna. A Paz Mundial é uma coisa pessoal. O que é preciso não é uma mudança de circunstâncias, mas sim uma Mudança de Consciência.

- Como podemos encontrar Paz Interior quando se passa Fome, Frio, Pobreza Extrema e Guerras em todo o mundo, quando se é violado, torturado, e explorado?...
- Há Perfeição em Tudo. Esforça-te por ver a Perfeição em Tudo. Essa é a Mudança de Consciência que Eu falo. Não precises de Nada. Deseja Tudo. Escolhe o que Aparece. Sente os teus Sentimentos. Chora os teus choros e vive as tuas dores. Ri os teus risos e vive as tuas alegrias. Respeita a Tua Verdade. Mas quando toda a Emoção acabar, fica calmo e sabe que Eu Sou Deus. No meio da maior tragédia, vê a Glória do Processo. Mesmo quando morres com uma bala atravessada no peito, mesmo quando alguém está a ser violado. Isso pode parecer algo impossível de fazê-lo. No entanto, quando mudas para a Consciência de Deus podes fazê-lo. Não tens de o fazer, claro. Depende de como desejas experienciar o Momento. Num Momento de grande tragédia, o desafio é sempre silenciar a Mente, e imergir profundamente na Alma. Isso faz-se automaticamente quando não se controla. Já falaste

com alguma pessoa que quase se afogou, ou que se encontrou em frente a uma pistola?...
Dir-te-ão com frequência que o Tempo passou muito mais devagar, que foram invadidos por uma estranha calma, que não houve qualquer Medo. *Não temas porque Eu estou contigo. Nas horas das trevas Eu Serei a vossa Luz, nos vossos piores momentos, Eu serei a vossa consolação. Eu Serei a vossa força.* Porque achas que quando atiravam Meus Filhos aos leões, eles morriam cantando?... Louvavam-me porque, primeiro, não sentiam Medo, e percebiam porque estavam passando por aquilo, e que era preciso passar por aquilo para chegarem até Mim, percebes agora?... Não temiam nada porque sabiam que Eu estava com eles, e que na mesma altura eles estariam no Céu Comigo...

- Começo a perceber... Mas diz-me: O que é certo ou errado?... E quando temos um pensamento errado?...

- Não faço juízos sobre a Matéria; é simplesmente um Pensamento. Há apenas uma questão de relevância em relação a este, ou a qualquer outro, Pensamento. Quando fores confrontado com um Pensamento, e não sabes que conclusão tirar dele, pensa assim: Serve-te de alguma coisa sustentar isso?... Em termos de Quem Tu És e Quem Tu Procuras Ser, este Pensamento serve-te de alguma coisa?... A nível Metafísico, ninguém está em desvantagem em relação a ninguém, nem ninguém é melhor do que ninguém. Todos vocês experienciam coisas diferentes porque assim o desejaram, mas em toda, e qualquer altura, poderão mudar as Realidades das vossas Vidas, mudando os vossos Pensamentos, criando coisas diferentes, mudando assim a matrix das vossas Vidas, e todo o mosaico muda. Percebes agora?...

- Hum... Estou a perceber...

- Continuando... Cada Alma cria por si as pessoas, acontecimentos, e circunstâncias exactas para alcançar aquilo que deseja alcançar. Tudo é escolhido por vós. Os vossos pais, o vosso país de nascimento, todas as circunstâncias que rodeiam a vossa reentrada na Vida para experienciarem tudo outra vez de novo, mas de maneiras diferentes, de forma a evoluírem cada vez mais... Da mesma maneira, através dos dias e épocas da vossa vida, continuam a escolher, e a criar pessoas, acontecimentos e circunstâncias concebidas, para vos levar até às oportunidades exactas, certas e perfeitas que desejam, de forma a conhecerem-se a vós próprios, como são verdadeiramente. Logo, ninguém está em desvantagem em face do que a Alma deseja alcançar. Por exemplo, a Alma pode desejar trabalhar com um corpo deficiente, ou numa sociedade repressiva ou sob restrições políticas e económicas horríveis, de forma a produzir as condições necessárias para alcançar aquilo que se propôs fazer e alcançar.

- E o que é que isso significa para nós?... Devemos ajudar os outros que julgamos estar em desvantagem, ou os outros simplesmente estão onde devem estar e, portanto, devemos deixá-los resolver o seu próprio carma?...

- Primeiro, lembra-te que Tudo o que Pensas, Dizes e Fazes, é um reflexo do que decidiste sobre Ti Próprio; uma Afirmação de quem Tu És, um Acto de Criação na tua decisão de Quem Queres Ser. É isso a única coisa que fazes aqui na Terra, é isso que estás a fazer. Não acontece mais nada, não há outro Propósito para a Alma. Estás a procurar Ser, e Experienciar, Quem Realmente És, e a Criá-lo. Estás a Criar-te de novo em cada Momento de Agora. Nesse contexto, quando te deparas com uma pessoa que te parece, em termos relativos, como observado no teu mundo, estar em desvantagem, a primeira pergunta que tens de fazer é: Quem Sou Eu e Quem Escolho Ser em relação a isso?... O Quer Quero Eu Aqui?... E não o que a outra pessoa quer aqui?... Ela está a processar a evolução da sua alma, e tu a tua. Percebes agora?...

- Mais ou menos... Estou tentando... Mas começa a ter lógica...

- Claro que sim... Fica atento... A razão pela qual as tuas relações, e as de todo o mundo, estarem numa embrulhada, é estares sempre a tentar perceber o que a outra pessoa quer, e o que as outras pessoas querem, em vez daquilo que Tu Queres verdadeiramente. Depois tens de decidir se lhe vais dar. E decides assim: Decides olhando para o que possas querer delas. Se pensas que não queres nada delas, desaparece a primeira razão para lhes dares o que elas querem e, assim, raramente o fazes. Se, pelo contrário, vires que há algo que queres, ou podes querer delas, entra em funcionamento a tua auto-sobrevivência e tentas dar-lhes o que elas querem. Depois ficas ressentido, especialmente, se a outra pessoa não te dá o que *tu queres. Nesse jogo de Troco contigo, estabelece-se um equilíbrio muito delicado. Preenches as minhas necessidades, e eu as tuas. No entanto, o Propósito de todas as relações humanas, tanto relações entre nações como relações entre indivíduos, nada tem a ver com isto. O Propósito da tua Sagrada Relação com todas as pessoas, lugares ou coisas, não é perceber o que elas querem, ou precisam, mas sim o que Tu pretendes, ou desejas, para cresceres, para Seres Quem Tu Queres Ser.*

- Ah agora percebo...

- Espera, ainda não acabei... Foi por isso que Eu Criei a Relação com outras coisas. Se não fosse para isso, vocês podiam ter continuado a viver num vácuo, num vazio, o Todo Eterno de onde vieram. Contudo, no Todo vocês São simplesmente, e não podem experienciar a vossa Consciência como algo em particular, porque no Todo não há nada que vocês não sejam. Assim concebi uma forma de Criarem de novo, e saberem quem vocês São na vossa experiência. Fiz isso munindo-vos de:

Relatividade - Um Sistema em que podiam existir como uma coisa em relação a outra.

Esquecimento - Um Processo pelo qual se submetem voluntariamente à amnésia total, de forma a poderem não saber que a Relatividade é um mero truque, e que vocês São Tudo.

Consciência - Um Estado de Ser, no qual se desenvolvem até atingirem a Consciência Plena, tornando-se então num Deus Vivo e Verdadeiro, Criando, e Experienciando, a vossa própria Realidade, expandindo, e explorando, essa Realidade, modificando, e Recriando, essa Realidade ao alargarem essa Consciência a novos limites, ou digamos, até nenhum limite. Ou seja, o Céu é o limite, entendes?... Não há limites... Nesse paradigma, a Consciência É Tudo. A Consciência - aquilo de que estão Verdadeiramente Conscientes - é a base de toda a Verdade, assim, de toda a Verdadeira Espiritualidade.

- Mas qual é o objectivo de primeiro fazer-nos esquecer de Quem Somos para depois nos lembrares de Quem Nós Somos?...

- Não é bem assim... Para que possam Criar Quem Vocês São e Quem Querem Ser. Este é o Acto de Deus a Ser Deus. Sou Eu a Ser Eu, através de vós. Essa é a Razão de Ser de toda a

Vida. Através de vós, Eu experiencio Ser Quem, e Aquilo que Eu Sou. Sem vós, Eu poderia Sabê-lo, mas não Experienciá-lo. Saber e Experienciar são duas coisas completamente diferentes. Escolherei sempre Experienciar. Na verdade, Faço-o e, sempre, através de vós.

- Volta um pouco atrás. O que fazer ao que estão em desvantagem?...

- Primeiro, decide Quem e o Que Tu És em relação a eles. Segundo, se decidires que desejas experienciares-te como Socorro, como Auxílio, como Amor, vê a melhor forma de Seres essas coisas. Mas, repara que a tua capacidade de Seres essas coisas não tem nada a ver com o que os outros são e fazem. Muitas vezes, a melhor forma de ajudar os outros é deixa-los em paz, ou dar-lhes a força de se ajudarem a si próprios. Desperta-as, lembra-lhes Quem Elas Realmente São. Dá-lhes um impulso, um empurrão, percebes?...

- Sim...

- E, por vezes, a decisão de os deixar seguir o seu Percurso, fazer o seu Caminho, sem nenhuma interferência tua. Relembra-lhes. Fazer com que tenham uma nova disposição sobre si próprios. E tens de fazer o mesmo, porque se os vires como desfavorecidos, eles farão o mesmo. Quando estive aí na Terra, Eu via todos como Realmente Eram. Recusei-Me a aceitar as Aparências. Recusei-Me a acreditar no que os outros acreditavam sobre si próprios. Tive sempre um Pensamento Mais Elevado, e sempre convidei os outros a fazerem o mesmo. Percebes agora?... Se acreditarem no que Eu Faço, não só Farão aquilo que Eu Fiz, como farão Obras Maiores do que as Minhas. Era isso que Eu queria dizer: Convidar-lhes a elevarem-se cada vez mais, e não a subestimarem-se, nem a deixar ninguém lhes fazer isso. Sempre os apoiei a serem Quem Realmente Eram. É assim que fizeram, e fazem, todos os Grandes Mestres, Aqueles que caminharam no vosso planeta no passado, e Aqueles que caminham presentemente. Eu sabia que ao dar-lhes a ajuda que me pediam, e não a ajuda que eles precisavam, estava-lhes a retirar força...

- Não percebi...

- Quando a ajuda é oferecida de maneira a criar Dependência Continuada, em vez de Independência Rápida. Quando permites que os outros, em nome da Compaixão, comecem a confiar mais em ti, do que em si próprios. Isso não é Compaixão, é Compulsão. Tens uma

Compulsão de Poder. Isso é uma rasteira a essa força. Muitas vezes, nem sabes que estás a prejudicar essa força. Acreditas realmente que estás a fazer o melhor para ajudar essa pessoa. Mas cuidado para que não estejas simplesmente a tentar criar o teu próprio valor. Porque na medida em que permitires que outras pessoas te tornem responsável por elas, na mesma medida lhes permites que te tornem poderoso. E isso faz-te sentir digno. Contudo, esse tipo de afrodisíaco seduz os fracos. E o objectivo aqui, é ajudar os fracos a sentirem-se fortes, e não deixar os fracos se sentirem mais fracos. Percebes a diferença?...

- Sim, por isso é que nunca quiseste que Te adorassem, nem que Te agradecessem nada...

- Claro...

- Como podemos alimentar a Bondade nos Homens?...

- Há apenas um lugar onde nasce a Bondade, que é no Coração Humano. Há um só lugar onde a imparcialidade pode ser conceptualizada, que é na Mente Humana. Há só um lugar onde o Amor pode ser experienciado, que é na Alma Humana. Basta seguir as Leis do Amor, as Leis de Deus. Aumentar, e expandir, a vossa Consciência, conectá-la com a Minha. Isso é que é seguir a Minha Vontade. E não ligar a Dogmas, Estatutos e Leis da Igreja, ou da Religião... Digo-vos isso: A Compaixão não tem fim, o Amor nunca termina, a Paciência nunca se esgota no Meu Mundo, no Mundo do Absoluto. Só no Mundo do Homem, a Bondade é limitada. No Meu Mundo a Bondade é interminável. Venham buscá-la cá cima...

- Como?...

- Meditando, Orando, Contemplando... E, acima de tudo, se conectando Comigo...

- Como?...

- Liga-te ao teu Eu Superior, liga-te a Mim em Meditação. Sabes como fazê-lo... Vem cá cima. E, ao entrares no Mundo do Absoluto, ficas com a Consciência de Deus, a Consciência do Absoluto. E a tua própria Consciência é ampliada, expandida. E quando regressas a ti, e ao teu corpo, chegas aí com essa Consciência. E passas a saber coisas que antes não sabias. Foi Eu que te expandi essa Consciência. Percebes agora onde vais buscar todo esse Conhecimento?...

- Ah, percebi... Já tinha reparado que sempre que faço Meditação, venho com uma

Consciência Muito Superior à que tinha antes...

- E achas que isso veio donde?...

- De Ti... Eu sei... Tenho a certeza mesmo que veio de Ti...

- Vês?... Sente-Me... Sente-Me cada vez mais... Nunca te esqueças que o Sentimento é a linguagem da Alma...

- Te Amo muito, sabias?...

- E Eu a ti Ariel... E Eu a ti. Com um Amor inconcebível para a tua pequenina Mente humana...

- Voltando a assuntos terrenos, que o mundo precisa de respostas... Como posso ajudar o Mundo?...

- Sê uma Luz para o Mundo. E não o prejudiques. Procura Construir e não Destruir. Traz Meu Povo para Casa...

- Como?...

- Pelo teu Exemplo Iluminador. Busca apenas a Divindade. Fala apenas em Verdade. Age apenas com Amor. Dá tudo e não precises de nada. Evita o mundano. Não aceites o inaceitável. Ensina todos os que procuram saber de Mim. Usa cada Momento para teres o Pensamento Mais Elevado, dizeres a Palavra Mais Elevada, executares o Acto Mais Elevado. Nisso, Glorificas o Teu Ser Sagrado e, assim, também me glorificarás. Traz Paz à Terra, trazendo a Paz a todos aqueles cujas Vidas tocas. Sê a Paz... Sente e expressa a cada Momento a tua Divina ligação com o Tudo, e com todas as Pessoas, Lugares e Coisas. Aceita todas as Circunstâncias, reconhece todas as Faltas, partilha todas as Alegrias, contempla todos os Mistérios, põe-te no lugar de todos os homens, perdoa todas as Ofensas, (incluindo as tuas), Sara todos os corações, Honra a Verdade de todas as Pessoas, Protege o Direito de todas as Pessoas, Preserva a Dignidade de todas as Pessoas, Provê a Necessidade de todas as Pessoas, Exibe os Maiores Dons de todas as Pessoas, e Proclama Seguro o Futuro de todas as Pessoas, no Meu Amor. Sê um Exemplo da Suprema Verdade que reside em ti. Fala humildemente de ti próprio, fala baixo para que ninguém pense que estás apenas a chamar a atenção. Fala suavemente para que todos fiquem a conhecer o

Amor. Fala abertamente para que ninguém pense que tens algo a esconder. Fala francamente para que não sejas mal interpretado. Fala frequentemente para que a Tua Palavra seja verdadeiramente divulgada. Fala Respeitosamente para que ninguém seja desrespeitado. Fala Afectuosamente para que cada Palavra Tua possa Sarar. Fala de Mim em Tudo e a Todos. Torna a Tua Vida uma Dádiva. Lembra- te: Tu ÉS a Dadiva. Sê uma Dádiva para Todos os que entram em Tua Vida, e para todas as vidas que entras. Tem o cuidado de não entrares na Vida duma pessoa se não puderes ser uma Dádiva. Quando Alguém entra na tua Vida inesperadamente, procura a Dádiva que essa pessoa veio receber a ti.

- Lindo...

- Porque razão achas que uma pessoa vem até ti?... Todas as pessoas que vieram até ti receberam uma Dádiva Tua. Ao fazê-lo também te oferece uma Dádiva. A Dádiva de Experienciares, e Realizares, Quem e o Que Tu ÉS...

- Mas não é contraditório afirmar que nunca devemos deixar de ajudar quem precisa de ajuda e, ao mesmo tempo, afirmar que a melhor ajuda que se pode dar a alguém é deixar essa pessoa em paz?...

- Nunca ofereças o tipo de ajuda que retira a Capacidade de Afirmação. Nunca insistas em oferecer ajuda que julgas necessária. Deixa que a pessoa conheça tudo o que tens para dar, depois escuta o que ela quer, e depois vê o que ela está apta a receber. Oferece a ajuda que é desejada. A pessoa demonstrará, pelo seu comportamento, que apenas deseja que a deixes em paz. Não obstante, o que pensas que gostarias de dar, deixá-la em paz pode ser a Dádiva Suprema que lhe podes oferecer. Se, posteriormente, outra coisa for pretendida, ou desejada, farão com que repares se a podes dar. Aí, nessa altura, dás. Mas esforça-te para que nunca dês nada que retire a Capacidade de Afirmação, porque ao fazeres isso, produzes dependência. Na verdade, há sempre uma forma de ajudares os outros que também lhes dá essa Capacidade de Afirmação. Ignorar. Mas é um ignorar que pretende ajudar, porque a pessoa sem ajuda, ajuda-se a si própria. Mas lembra-te que ignorar completamente as dificuldades de outra pessoa que procura verdadeiramente a tua ajuda, não é resposta.

*Porque fazer menos não capacita mais a Capacidade de Afirmação do outro. Quando tens uma Consciência Superior, não podes ignorar deliberadamente uma situação genuinamente grave, alegando deixá-la "amanhar-se" ser a melhor dádiva que lhe podes proporcionar. Isso é farisaísmo e arrogância ao mais alto nível. Isso só justifica o teu não envolvimento. O que Eu ensinei quando estive aí?... Que Eu diria aos da minha direita: " **Vinde Benditos entre os Meus Filhos, e recebei em Herança o Reino que Mandei preparar para Vós. Porque Tive fome e deste-Me de comer, Tive sede e deste-Me de beber, era peregrino e recolheste- Me. Estava nu e deste-Me de vestir, adoeci e visitaste-Me, estive na prisão e foste ter Comigo...**". E eles dir-me-ão: "**Senhor, quando foi que Te vimos com fome e Te demos de comer?... Ou com sede, e Te demos de beber?... Quando te vimos peregrino e Te recolhemos?... Ou nu, e Te vestimos?...** E Eu lhes responderei dizendo-lhes: "**Em Verdade vos digo, que sempre que fizeste a um destes meus irmãos mais pequeninos, a Mim mesmo o fizeste.**". Esta é a Minha Verdade, e permanece através dos tempos.*

- E quem não o fizer?... E quem for deliberadamente mau?... Que castigo terá?... Que julgamento farás?...

- Não há motivos para receios nem razão para ter Medo. Ninguém vos vai Julgar, ninguém vos lançará no fogo do Inferno. Já te disse que o Inferno não existe... O Purgatório também não. Diz isso aos Católicos. E aos Mórmons diz-lhes que não ficarão presos para sempre no Céu Inferior, impossibilitados de aceder ao Céu Superior, e que nem serão classificados como Filhos da Perdição, e perdidos para sempre para domínios desconhecidos. Segundo a Teologia de cada um de vocês, cada um de vós construiu uma ideia do pior castigo de Deus. Mas isso não existe... Eu Sou Amor... Não castigo ninguém. Que raio de Deus seria Eu se fizesse isso?... E quando perderem o Medo que a vossa Vida se torne visível no momento da vossa Morte, vocês conseguirão ultrapassar o Medo de que a vossa Vida se torne totalmente visível enquanto estão a vivê-la.

- É só isso?... Então podemos fazer o que quisermos sem Medo de Julgamentos?...

- Lembra-te que Eu Sou a Verdade e que esta tem Cinco Níveis. Esses Cinco Níveis são a Minha Vontade. E deves fazer dela a Tua Vontade. A Tua vontade é a Minha Vontade.

Primeiro, porque a conheço. Segundo, porque a aceito. Terceiro, porque a louvo. Quarto, porque a amo. E Quinto, porque a possuo, e lhe chamo Minha. Tens a livre vontade de fazeres o que quiseres. E eu faço da Tua vontade, a Minha Vontade. E faço isso através do Amor Incondicional. Já te disse que não julgo ninguém. Amo-vos a todos... Eu Sou vocês todos. Como poderia eu Julgar-Me?... Já te disse, vocês são Perfeitos, tal como Eu Sou. O vosso Julgamento é que vos torna imperfeitos aos vossos olhos, e não aos Meus. Mas procurem a Verdade, digam a Verdade, e vivam a Verdade todos os dias. Ela vos libertará, lembras-te?... Não há que ter Medo de nada. Façam isso convosco e com todas as pessoas cujas vidas tocarem.

- Mas há pessoas invejosas. O que achas da Inveja?...

- As pessoas interpretam mal a Inveja. A Inveja é uma Emoção Natural que te impele por te esforçares a ser mais. É como uma criança de 2 anos que se esforça por fazer o que o irmão mais velho faz. Não há nada de errado nisso. A Inveja é motivadora. É Desejo Puro. Faz nascer a Grandeza. Não confundas com Ciúme. Porque o Ciúme é uma Emoção gerada pelo Medo que faz com que se queira com que os outros sejam menos. É uma Emoção assente na Amargura. Provém da Ira e leva à Ira. E mata. O Ciúme mata, a Inveja faz nascer.

- Quanto ao Ciúme, concordo. Mas quanto à Inveja...

- Aos Invejosos serão dadas todas as oportunidades de serem bem sucedidos no seu próprio Caminho. Nenhum deles será impedido de progredir a nenhum nível. A discriminação não será tolerada. E poderão até continuar a haver ricos e pobres mas não haverão esfomeados e necessitados. Não será retirado o incentivo da Vida, mas sim o Desespero. O Ser humano elevará seu Espírito - (forma de pensar) - e mostrará a Grandeza do Espírito Humano.

- Como?...

- Já reparaste que em Grandes Catástrofes, e mesmo nestes Tempos de Crise, o Ser Humano interajuda-se muito? Fazem companhas de Solideriedade, etc...

- Lá isso é verdade... Só há uma coisa que me incomoda. Não estará a minha Mente a Criar ou a inventar este diálogo?... Como posso saber que És Tu que comigo falas?... Que essas Mensagens provêm de Ti, a Fonte Suprema?...

- O teu problema é que Tu não acreditas que ÉS a Fonte Suprema. Tu está s criar tudo - toda a tua vida - Aqui e Agora. Tu estás a Criá-la. Não EU...TU!... Se há respostas aqui que não gostas, muda-as. Agora. Antes que comeces a ouvi-las como um Evangelho. Antes de começares a torná-las Reais. Antes que comeces a considerar o teu Último Pensamento, sobre qualquer coisa, mais importante, mais válido e mais verdadeiro do que o teu próprio Pensamento. Lembra-te que é sempre o Novo Pensamento que Cria a tua Realidade. Sempre.

- Se não concordar com algo, e mudar a resposta, não estarei a mudar as Tuas respostas?...

- Eu Sou Tudo, e não há nada que Eu não seja. E Tudo o que Eu experiencio de Mim, experiencio em, como, e através, de ti. Todos os Pensamentos que te envio, recebes através do filtro da Tua Própria Experiência, da Tua Própria Verdade, da Tua Própria Compreensão, das Tuas Decisões, Escolhas e Declarações, quanto a Quem Tu És Quem e Escolhes Ser. Não há outra forma de os receberes. Nem outra forma de como devas recebê-los. Por isso, se mudares de ideias, Fui Eu que quis que as mudasses... Percebes agora?...

- Hum... Mais ou menos... Então quer dizer que nenhum desses Pensamentos, ou Sentimentos, são Teus, mas sim Meus?...

- Pensa na possibilidade de Eu te estar a dar os teus Pensamentos, e Sentimentos, sobre algo, e que Eu estou a co-Criar as tuas Experiências, que faço parte das Tuas Decisões, Escolhas e Declarações. Pensa na possibilidade de Eu te ter escolhido, juntamente com muitos outros, para seres Meu Mensageiro, muito antes desse livro se materializar...

- Custa-me muito a acreditar nisso. Eu?... Porquê eu?... Mensageiro, eu?...

- Porque pensas que tens a Fé que tens?... Porque pensas que és Escritor?... Não vês que tudo isso tem um dedo Meu?... Não vês que tudo o que passaste teve um motivo?... Tem um motivo... Percebes agora?... Permiti grandes dores na tua vida, para que pudesses ter a Fé e a Sensibilidade que tens. Só tens a imagem completa do puzzle quando encaixas a última peça, e nunca antes. Começas a ver agora?...

- Ah... Agora percebo muita coisa que me aconteceu... Mas podias ter evitado muita coisa na minha Vida. Mas quem sou eu para que Me ajudes?... Mas peço-Te ajuda para o mundo.

Se não gostas de como anda o mundo, porque não o mudas?...

- *Ao Criar o Ser Humano, dei-lhe a Liberdade de Escolha. A liberdade de poder Criar a sua Vida e de como, e quem, quisesse ser. A liberdade de criar o seu EU. Se te ajudasse não seria quem ÉS hoje. Percebes?... Não podes conhecer o teu Eu como Criador se Eu te disser o que Criar, como Criar, e depois te forçar, exigir, ou fazer com que o faças. Se Eu fizer isso, o Meu Propósito perde-se. Quem achas que pôs o mundo da maneira que está? Vocês e não Eu. Vocês precisam não duma mudança de circunstâncias mas sim duma Mudança da Consciência Colectiva. Há biliões de Seres Altamente Evoluídos por esse Universo afora, e eles não são assim apenas porque pensam diferente de vocês. Logo sentem completamente diferente de vocês. Sabem que ao prejudicar alguém, ou o seu planeta, que isso se reflecte no Todo. Mudem a vossa Forma de Pensar, e de Sentir, em relação ao Ser Humano, e ao vosso planeta, e verão a diferença...*

- *Há mais vida no Universo?...*

- *Já te disse que sim. Já te levei a Sírio. Já te apresentei a dois Acturianos. O **Arikston** e a **Kronoyela** - (pai e filha)...*

- *Mas pensei que fosse imaginação minha...*

- *E o que é Deus senão Imaginação Pura?... Senão um Pensamento Puro?... Eu Sou um Pensamento Teu, por isso Existo para Ti. Mas para aquele que não acredita em Mim, Eu simplesmente Não Existo.*

- *Ah... tem lógica...*

- *Eu Sou simples... As pessoas é que me complicam. Deturparam as Mensagens de Meu Filho e da Bíblia. E depois não percebem porque se sentem Perdidos, e porque suas Vidas não fazem sentido. A Religião foi a pior coisa que o Homem inventou. Quem achas que te inspirou a escrever essa frase: "Religião?!... **Eu não tenho Religião, tenho Fé. Pois a Religião é uma invenção humana e a Fé é algo Divino"** ?... Fui Eu. Eu estou sempre contigo. Estou-te a preparar há anos para esse livro...*

- *Tão giro... Esta frase está no meu livro **"Diário de um Homem esquecido"**...*

- *E em todos os teus Livros Tenho-te inspirado. Tu é que nunca reparaste. Vês agora?...*

- Desculpa-me...

- Não tenho nada a desculpar-te ou a perdoar-te. Amo-te exactamente como És. E se mudares, amar-te-ei sempre. Da formas que És, e de como SERÁS. Sempre... Eu Sou Amor. Não odeio. Não julgo. Apenas observo. E estou sempre aqui para ti...

- Amo-te tanto, sabias?...

- E Eu a ti. E claro que sabia. Eu Sou Deus. Sei Tudo. Sou Tudo. Eu Sou o Grande Eu Sou, lembras-te?...

- Claro!

- Então, nunca te esqueças. Agora descansa, estás a escrever há muito tempo.

- Obrigada, mas eu volto...

- Eu não preciso voltar para ti. Eu estou, e estarei sempre aqui...

(Mais tarde...)

- Olá de novo... Tenho uma dúvida... O Futuro é previsível?...

- Não. O Futuro é criável. Cria-o como quiseres.

- Mas já me disseste que o Tempo é Absoluto e não Relativo, e que Presente, Passado e Futuro não existem, que tudo acontece ao mesmo Tempo, e que todas as coisas estão a acontecer no Momento Presente - o Eterno Momento de Agora.

- É Verdade. Mas também o Eterno Momento de Agora está sempre a mudar. É como um mosaico. Está sempre lá mas muda constantemente. Não podes piscar os olhos porque tudo será diferente quando os abrires novamente. Observa. Olha. Vês?... Lá vai outra vez! EU ESTOU A MUDAR CONSTANTEMENTE... O QUE ACHAS QUE É A EXPANSÃO DO UNIVERSO?...

- E o que faz com que mudes?...

- A tua ideia sobre Mim. O teu Pensamento sobre Tudo é o que o faz mudar. Instantaneamente. Às vezes, essa mudança no Tudo é subtil. Praticamente indiscernível, dependendo do Poder do Pensamento. Mas quando há um Pensamento Intenso, ou um Pensamento Colectivo, há um impacto tremendo, um efeito incrível. Tudo muda. Percebes agora?...

- Daí o Poder da Oração, da Fé, da Meditação, da Consciência Colectiva... Então, se mudarmos a nossa Consciência Pessoal tudo muda na nossa vida, se mudarmos a nossa Consciência Colectiva tudo muda no nosso planeta...

- Claro!... No Universo inteiro, Tudo muda. Portanto, mudem de Pensamento, mudem de Consciência. Unam-se a Mim. Somos Todos Um, lembras-te?... Por Jesus nunca se ter separado de Mim, Ele conseguiu Tudo. Até ressuscitou mortos. Então não sabes que Jesus disse: *" Se acreditarem nas obras que Faço, não só farão as obras que Eu Faço como Obras Maiores do que as Minhas?"*...

- Mas Obras Maiores do que as Dele?... Não achas isso muito exagerado?...

- Ele mudou o mundo e ensinou-vos como mudar o Universo. Mas serão vocês a mudar o Universo...

- Como?...

- Mudem a Consciência Colectiva. Queres mudar o mundo?... Muda o teu mundo primeiro, depois emana essa Energia para todo o mundo e, em seguida, para todo o Universo...

- Outra coisa... Se eu posso mudar o mundo, posso mudar o destino fatal da Terra?... Posso evitar o Armagedom?... Catástrofes mundiais, o fim do mundo literalmente?...

- Se não quiseres que nada aconteça, nada acontecerá...

- Como é possível?... Sou apenas um Ser Humano...

- ÉS SÓ UM COMIGO. ÉS UM SER DIVINO...

- Tenho de assimilar isso primeiro antes de seguir em frente... Então, sendo assim, não quero que aconteça...

- Então não acontecerá. A menos que aconteça...

- Não percebi...

- Tens de aprender a viver com a contradição. E tens de aprender a Verdade Máxima. Nada tem importância.

- Nada?...

- O Tudo e o Nada é a Grande Dicotomia Eu Sou/Não Sou. Depois explico-te melhor. Já tens aqui tanto material para absorveres. Pensa simplesmente nisso. A Consciência Colectiva está a mudar. Todos os dias são colocadas novas Ideias, novos Pensamentos e novos Conceitos, perante vós. O Processo de Mudança de Consciência, do aumento do Conhecimento Espiritual de todo um planeta é um processo lento. E requer muita paciência. Vidas. Gerações. Mas lentamente, vão lá chegando. Pouco a pouco, vão mudando. Tranquilamente, há mudança.

- Outro assunto... Disseste que há muita Vida no Universo. Porque não se dão a conhecer?... Porque não se revelam?...

- O seu propósito é ajudar à mudança que vêem que a maior parte de vocês deseja, não é criá-la, é fomentá-la, não forçá-la. Se se revelassem, vocês seriam forçados, apenas pelo Poder da sua Presença, a manifestar-lhes o maior respeito, e a atribuir grande peso às suas palavras. É preferível que as massas cheguem à sua própria sabedoria. Sabedoria que vem de dentro não é tão facilmente descartada como a que provém de outrem. Tende-se a reter mais aquilo que se criou do que aquilo que foi dito.

- Alguma vez os veremos como realmente são?...

- Claro que sim. No dia em que a vossa Consciência se elevar e o vosso medo se acalmar. Alguns já o fizeram. E a muita gente.

- Mas ouve-se dizer muito por aí que eles são malévolos, alguns são mesmo muito maus...

- Há Seres Humanos que vos queiram prejudicar?...

- Claro!

- Alguns desses Seres - os menos evoluídos - podem ser maus. Mas lembrem-se do Meu Mandamento: Não julgarás. Lembra-te que ninguém faz nada impróprio segundo o seu modelo do Universo. Alguns Seres progrediram muito na tecnologia, mas não no raciocínio. A vossa raça é um bocado assim.

- Mas se eles são tão evoluídos tecnologicamente, o que lhes impede de nos destruírem?...

- Vocês são protegidos. Dei-vos a oportunidade de viverem o vosso próprio destino. A vossa

Consciência criará o resultado final.

- Não percebi...

- O que vocês pensam que vão ter, é o que vão ter. O que temem é o que atrairão para vocês. Aquilo a que resistem, persiste. Aquilo para que olham, desaparece - dando-vos a oportunidade de o recriar, se assim o desejarem, ou de o banirem para sempre da vossa Existência.

- A minha Vida não reflecte isso...

- Porque, por vezes, duvidas de Mim.

- E porque isso me acontece?...

- Porque duvidas de ti próprio.

- E porquê?... E porque isso acontece com quase toda a gente?...

- Porque foram ensinados a duvidar...

- Por quem?...

- Por aqueles que dizem representar-Me.

- Não percebo. Mas porquê?...

- Porque é a única forma de controlar as pessoas. Vocês têm de duvidar de vós próprios. Senão reivindicariam todo o vosso Poder. Isso não podia ser. De maneira nenhuma. Para as pessoas que detêm actualmente o Poder, não. Eles detêm o Poder que é vosso. E sabem-no. E a única forma de o manterem é prevenirem o movimento do mundo no sentido de ver, e resgatar o Poder que é vosso. Libertem-se do Medo e conheçam a Verdade. Meu Filho vos disse quando andou aí na Terra: **" Conhece a Verdade e a Verdade te libertará..."**...

(Senti-me muito triste de repente e Ele ditou-me essa mensagem...)

DESCOBRE A TRISTEZA

Quando uma pessoa estiver muito zangada contigo, quando ela estiver a considerar que devias ter feito assim ou assado, percebe o seguinte: Essa pessoa está em dor. Dói-lhe o peito, e como ela não tem experiência em gerir as coisas do peito, acaba por ficar com raiva. "Essa raiva giro eu bem", pensa ela. Mas a raiva destrói o vosso sistema central, que fica desprogramado necessitando de ser alimentado por mais raiva. E o círculo nunca mais pára. E a dor fica por explorar, por limpar e por chorar. O luto fica por fazer. Queres ajudar?... Quando alguém estiver muito zangado contigo, pergunta-lhe: "Estás triste porquê?...". E ajuda-o a aceder à sua dor. À sua tristeza. E conforme o Ser vai acedendo à dor, vai perdendo a raiva, pois esta só estava aí para protegê-lo de aceder à dor - com todas as consequências que a raiva atrai. Conforme o Ser vai acedendo à dor, vai perdendo violência. E deixando, naturalmente, de atrair violência. Queres mesmo ajudar?... Faz assim. Quando alguém estiver chateado contigo, descobre qual o motivo, ajuda-o a aceder à sua tristeza e dá-lhe um abraço. E fica, assim, a confortá-lo na sua dor. E os dois nunca mais irão esquecer esse dia... E as vossas Almas serão amigas para sempre...

Jesus

(E depois ditou-me essa Mensagem...)

NÃO QUEIRAS ...

Não queiras perpetuar a Vida. Aproveita. Aproveita cada instante do que a Vida tem para te dar. Cada minuto é magicamente selado por Mim para te dar tudo o que a tua Energia precisa para se desenvolver. Cada instante que queiras que dure para sempre, cada movimento que faças para repetir experiências, estás a negar as novas experiências que te estão a ser apresentadas. Não queiras perpetuar nada. Apenas aproveita cada instante. E agradece. Agradece estares vivo para poderes usufruir da encarnação. Só... O resto virá por si para tornar a tua vida mais colorida.

Jesus

(E o diálogo depois continuou...)

- Escreve... Essas são as 7 Leis Universais...

LEI DE CAUSA E EFEITO

Tudo o que Pensas, Falas e Fazes, volta para Ti. Cada Palavra, Pensamento ou Acção enviam para o Universo ondas electromagnéticas fazendo com que se tornem Realidade.

LEI DO RETORNO

A Lei do Retorno é muito justa: Pensaste em algo e esqueceste, e/ou não classificaste esse "algo" como ruim. Isso acaba causando o desmembramento de outros factos igualmente ruins. Tudo o que se Pensa, se Fala e se Faz, tem retorno ruim. O contrário também acontece. Tudo o que fizeres de bom, voltará para ti. Então Eu não disse quando andei aí na Terra: **"Com a medida que julgardes serás julgado?..."**

LEI SEMELHANTE ATRAI SEMELHANTE

Cada vez que tu envias energias - boas ou más - para o Universo, estás atraindo Energias semelhantes à tua. Tudo que acontece ao teu redor, és responsável, inclusive os acidentes, pois as vibrações estão na mesma frequência de vibração. Claro que se enviares Energias boas, atrairás as Energias que estão no mesmo comprimento de onda, e só receberás o Bem... E coisas muito boas te acontecerão...

LEI DO SILÊNCIO

Cada vez que criticas alguém, ou fazes comentários sobre brigas de vizinhos, sobre assaltos, problemas pessoais ou ciúmes, aumentas a Energia Negativa, que acaba se acumulando nos Corpos Subtis, até chegar ao Corpo Físico, seja em forma de doenças, acidentes, etc. É preferível se calar a falar palavras negativas.

LEI DA PROJECÇÃO:

Essa Lei ocorre quando te projectas, inconscientemente, no outro. Por exemplo: Alguém tem uma qualidade que você admira. É porque tens essa mesma qualidade guardada no teu subconsciente. O mesmo acontece quando não gostas de determinado comportamento ou defeito de uma pessoa. Isso significa que tens o mesmo comportamento ou defeito dentro de ti mesmo e, como não consegues identificá-los, projectas no outro.

LEI DA DOAÇÃO

Serve para movimentarmos as nossas Energias e assim atrair a prosperidade. Tu precisas doar-te para que essa energia de "doação", que pode ser de qualquer tipo, transforme as Vibrações Negativas em Positivas. Se não dás, como podes receber?... Dá e ser-te-á dado.

LEI DO DISTANCIAMENTO

É a compreensão de que nada nos pertence, nem mesmo as pessoas de nossa família - (pai, mãe, filhos) - nem amigos, nem animais domésticos, nem muito menos os bens materiais. Tudo é passageiro em nossa Vida, inclusive o nosso Corpo físico. Devemos Amar e estar presentes em tudo que está a nossa volta, porém devemos ter Consciência, com sabedoria, do desapego amoroso. Amar é estar presente, mas consciente das Leis do Universo, para não nos deixarmos abater emocionalmente.

- Em relação à pergunta que Me fizeste Mentalmente - ("Quais são os piores dois dilemas e/ou problemas do Ser Humano?... - repara que a maior parte dos conflitos do mundo, senão todos, e dos vossos problemas, e conflitos, enquanto indivíduos, seriam resolvidos se, enquanto sociedade:

1º Abandonassem o Conceito de Separação
2º Adoptassem o Conceito de Visibilidade

(E continuou...)

- Nunca mais se vejam como separados uns dos outros, e nunca mais se vejam separados de Mim. Nunca digam nada senão toda a Verdade, e nunca mais aceitem nada a não ser a vossa Verdade mais sublime de Mim. A primeira opção produzirá a segunda, porque quando

virem, e compreenderem, que são Unos com Todos, não poderão dizer uma Não Verdade, nem esconder dados importantes, nem ser nada senão totalmente visíveis com todos os outros, porque será claro para vocês que fazê-lo é do vosso maior interesse. Mas essa mudança paradigmática implicará grande sensatez, grande coragem e imensa determinação. Porque o Medo atingirá o cerne desses Conceitos, chamando-lhes falsos. O Medo corroerá o âmago dessas Verdades Magnificentes e fará com que pareçam ocas. O Medo distorcerá, desdenhará, e destruirá. O Medo será o vosso Maior Inimigo. Mas vocês nunca conseguirão criar a Sociedade com que sempre sonharam enquanto não virem com Sabedoria, e Clareza, a Verdade Suprema: O que fazem aos outros, fazem a vós próprios. O que deixam de fazer pelos outros, deixam de fazer por vós próprios, que a dor dos outros é a vossa dor, e a alegria dos outros a vossa alegria. E que, quando renunciarem a qualquer parte delas, renunciam a uma parte de vós. Agora é a altura de se reivindicarem a vós próprios. Agora é o momento de se verem como Quem Realmente São, e de se tornarem novamente visíveis desse modo. Porque quando vocês e a vossa verdadeira relação Comigo se tornarem visíveis, tornar-nos-emos indivisíveis. E nada jamais nos voltará a dividir...

- Lindo...

-E embora vocês tornem a viver na ilusão da Separação, utilizando-a como um instrumento para criarem o vosso EU de novo, atravessarão iluminadamente, a partir daí, as vossas Encarnações, vendo a ilusão pelo que ela é, utilizando-a como divertimento e alegria para experienciar qualquer aspecto de Quem Nós Somos que vos agrade experienciar, mas sem nunca mais aceitar como sendo a Realidade

- Estou percebendo. Parece complicado mas não é...

- Claro que não é, basta seguires o raciocínio. Vocês não mais terão de utilizar o mecanismo do Esquecimento para recriar o vosso EU de novo, mas utilizarão a Separação sabiamente, optando simplesmente por manifestar Aquilo Que É, Separado por determinada Razão e com um determinado Propósito. E quando forem assim totalmente Iluminados - ou seja, quando forem totalmente inundados de Luz – poderão até escolher, como especial razão para voltarem à Vida Física, não para Criar ou experienciar qualquer novo aspecto do EU,

mas para trazer a Luz da Verdade a este lugar de ilusão, para que outros também possa ver. Então vocês serão "os que trazem a Luz". Então vocês farão parte do Despertar... Há muitos outros que já o fizeram.

- Vieram cá para nos ajudar a saber Quem Nós Somos.

-Sim. São Almas Iluminadas, Almas que evoluíram muitíssimo. Já não buscam a Experiência Superior seguinte de Si Próprios. Já tiveram a Experiência Suprema. Agora só desejam trazer a vós a Novidade, ou a Nova, dessa Experiência. Trazem-vos a "Boa Nova". Mostrar-vos-ão o Caminho, a Verdade e a Vida de Deus. Dir-vos-ão: "Eu Sou o Caminho, a Verdade e a Vida. Segui-me". Depois servir-vos-ão de modelo de como é viver na Eterna Glória da União Consciente Comigo, a que se chama Consciência de Deus.

- Exactamente como Jesus fez...

- Ele e Eu Somos Um. Tal como Eu e Tu Somos Um. Eu, e Todos no Universo, Somos Um. Estamos sempre unidos, vocês e Eu. Não podemos não estar. É simplesmente impossível. Contudo, vocês agora vivem na Experiência Inconsciente dessa Unificação. Também é possível viver no Corpo Físico em União Consciente com Tudo O Que É: no Conhecimento Consciente da Verdade Suprema, na Expressão Consciente de Quem Realmente Somos. Quando fizeres isso, servirás de modelo a todos os outros, outros que vivem no Esquecimento. Tornas-te uma re-lembrança viva. E assim salvas outros de se perderem para sempre no Esquecimento. Isso é que é o Inferno, perder-se para sempre no Esquecimento. Mas Eu não o permitirei. Não permitirei que uma só ovelha se perca, e enviar-vos-ei sempre um Pastor. Na Verdade, enviar-vos-ei muitos Pastores, tal como sempre o fiz desde a fundação do mundo. E tu podes optar por ser um deles. E quando as Almas forem acordadas do seu sono por ti, novamente re-lembradas de Quem Realmente São, todos os Anjos do Céu exultarão por essas Almas. Porque estavam perdidas e foram reencontradas. Percebes melhor agora a Mensagem de Jesus?...

- Oh, sim. Definitivamente... Mas prometeste-me explicar melhor a Dicotomia Divina - o Eu Sou/Não Sou...

- Tudo o que Sempre Foi, É agora, e Será para sempre. Tudo existe neste preciso Momento.

E assim tudo o que É... É. Contudo, tudo o que É está em constante mudança, porque a Vida é um Processo de Criação Contínuo. Portanto, O Que É... Não É. Este SER nunca É o mesmo. O que significa que o SER NÃO É... Percebeste agora?...

- Percebo perfeitamente... Mas agora fala-me da Religião.

- Regressem à Espiritualidade. E esqueçam a Religião.

- Porquê?...

- Porque não é boa para vós. Compreendam que para que a Religião organizada tenha sucesso, tem que fazer com que as pessoas acreditem que precisam dela. Para as pessoas terem fé noutra coisa, precisam primeiro de perder a fé nelas próprias. Logo, a primeira tarefa da Religião é fazer-te perder a fé em ti próprio. A segunda tarefa, é fazer-te ver que tem respostas que tu não tens. E a terceira, e a mais importante, é fazer-te aceitar as suas respostas sem as questionar. Porque se questionas, começas a pensar. Se pensas, começas a regressar à tua Fonte Interior... A religião não te pode deixar fazer isso porque é bastante provável que surjas com respostas diferentes das que ela inventou. Portanto, Religião tem de te fazer duvidar do teu EU. Tem de te fazer duvidar da tua capacidade de pensar claramente. Só que isso traz um problema à Religião. Um problema enorme. Porque se não puderes aceitar sem duvidar os teus próprios Pensamentos, como podes não duvidar das Novas Ideias de Deus que a Religião te deu?... Chegas até a duvidar da Minha existência, da qual, ironicamente, nunca duvidaste antes. Quando vivias de acordo com o teu Conhecimento Intuitivo, podias até não me ter compreendido totalmente, mas sabias definitivamente que Eu estava lá!... Foi a Religião que criou os Agnósticos...

- Faz sentido...

- Qualquer pensador lúcido que examine o que a Religião tem feito, perceberá que a Religião vive longe de Deus. Nem sequer O conhece. Foi a Religião que encheu o coração dos Homens do temor de Deus, quando em tempos o Homem estendeu os braços de alegria em direcção a Mim. A Religião sobrecarregou o Homem com preocupações sobre a ira de Deus, quando o Homem em tempos procurava Deus para o aliviar do seu fardo. Foi a Religião que disse ao Homem para ter vergonha do seu corpo, quando o Homem em tempo

celebrou essas funções como as maiores Dádivas da Vida. A Religião ensinou-vos que precisam dum intermediário para chegar a Deus quando houve tempos em que consideravam ter alcançado Deus, vivendo simplesmente a vossa Vida no Bem e na Verdade. Foi a religião que ordenou aos Homens que adorassem Deus, quando houve tempos em que os humanos adoravam Deus porque era impossível não O adorar. Em toda a parte onde a Religião chegou, criou desunião, que é o oposto de Deus. A Religião separou o Homem de Deus, o Homem do Homem, o Homem da Mulher. Algumas Religiões até dizem ao Homem que ele é superior à Mulher, que está acima dela, tal como proclamam que Deus está acima do Homem...

- Não está?...

*- Eu vos digo: Deus não está acima do Homem, e o Homem não está acima da Mulher. Não é essa a "Ordem Natural das Coisas", mas é a maneira como todos os que tinham o poder - (os Homens) - queriam que fosse, quando formaram as suas Religiões Patriarcais, apagando sistematicamente metade do texto da Versão Final das Sagradas Escrituras, e distorcendo o resto, para se adaptar ao molde do seu Modelo Masculino do Mundo. A Religião ainda hoje insiste que as Mulheres são, de uma certa forma, inferiores, e de alguma forma, cidadãs espirituais de segunda classe, algo "inadequado" para ensinar a Palavra de Deus, ou pregar... Ainda discutem, como crianças, que o sexo é ordenado por Mim para serem Meus sacerdotes. Todos vós sois Meus sacerdotes... Não há nenhuma pessoa, ou classe, mais adequada para fazer o Meu trabalho do que a outra. Mas os Homens são tal e qual as Nações. São sedentos de Poder. Não gostam de partilhar o Poder, apenas de o exercer. E constituíram o mesmo tipo de Deus. Um Deus sedento de Poder. Um Deus que não gosta de partilhar o Poder, mas sim de o exercer. No entanto, eu vos digo que o Supremo Dom de Deus é partilhar o Seu Poder. Eu queria que vocês fossem como Eu... Meu Filho Jesus disse-vos quando esteve aí: **"Sede Perfeitos como Eu e o Meu Pai somos Perfeitos..."***

- Achas que se isso não vos fosse possível, que Eu vos pediria tal coisa?... Às vezes vocês, Humanos, não são mais felizes porque simplesmente não pensam...

- Mas não podemos ser como Tu. Isso é blasfémia só de pensar, e heresia só de imaginar...

- Blasfémia é terem-vos ensinado essas coisas. Vocês foram feitos à Minha Imagem e Semelhança. Meu Filho disse: *"Sede Perfeitos como Eu e Meu Pai somos Perfeitos"*... Achas que Ele mentiu?... Ele Próprio mostrou-vos como Ser Perfeito. Só não se tornam Perfeitos a nível Emocional, Psicológico e, principalmente, Espiritual, só se não quiserem. Vocês vieram cá para alcançar a Perfeição Espiritual. E para a conseguirem... É esse o vosso destino enquanto Seres Humanos, e hão de viver as Vidas que tiverem de viver, até o conseguirem. Mas no final, todos irão conseguir, todos voltarão a Mim, pois todos vieram de Mim. Vocês não vieram aqui para se esforçarem, e lutarem, e nunca chegarem lá. Nem vos enviei numa missão impossível de cumprir. Que raio de Deus seria Eu se vos fizesse isso?...

- Realmente... Tem lógica... Agora diz-me... Quem És Tu?...

- Eu sou o Poder Absoluto e não exijo nada de vocês. Lembra-te sempre que Deus É Tudo e torna-se em Tudo. Não há nada que Deus não seja, e Tudo o que Deus experiência em Si, experiência em, e através, de ti. Na Minha Forma Mais Pura, Eu Sou o Absoluto... Sou Absolutamente Tudo e portanto, não necessito, não quero e não exijo, absolutamente, nada. Desta forma Absolutamente Pura, Eu Sou o que pensarem de Mim... Contudo, pensem o que pensarem de Mim, não posso esquecer Quem Sou, e regressarei sempre, à Minha Forma Mais Pura. Todo o resto é ficção. É algo que estão a inventar. Há quem pense em Mim como um Deus colérico, mas o que pode Me encolerizar, se não posso ser magoado, ou prejudicado, de forma nenhuma?... Há quem pense em Mim como um Deus vingativo; Mas de quem Me iria vingar, se Tudo O Que Existe Sou Eu?... E porque me castigaria a Mim próprio simplesmente por criar?... Ou, se tiverem de pensarem em Nós separadamente, porque havia Eu de vos Criar, dar-vos o Poder de Criar, de vos dar o livre-arbítrio de Criarem o que quiserem experienciar, e depois castigar-vos para sempre por fazerem a escolha "errada"?... Eu vos digo: Eu nunca faria tal coisa. E é nessa Verdade que reside a vossa libertação da tirania de Deus. Na verdade, não existe tirania a não ser na vossa imaginação. Podem vir para casa sempre que desejarem. Podemos estar juntos novamente sempre que quiserem. Podem conhecer novamente o êxtase da vossa união Comigo sempre que entenderem. Ao mínimo pretexto. Ao toque da brisa do vento. No primeiro vislumbre do arco-íris, no primeiro choro dum recém-nascido. No último raio de um pôr-de-sol espectacular, e no último sopro duma vida exemplar. Eu estou sempre convosco até ao Fim dos tempos. A vossa União Comigo é total. Foi sempre, É sempre, e sempre o SERÁ. Vocês e Eu Somos Um. Agora e para todo o sempre. Vão, e façam, da vossa Vida a afirmação desta Verdade. Façam com que os vossos dias, e noites, sejam reflexos da vossa Ideia mais sublime dentro de vós. Permitam que os vossos Momentos de Agora fiquem preenchidos pelo êxtase espectacular de Deus manifesto através de vós. Façam-no através da expressão do vosso Amor, Eterno e Incondicional, por todos aqueles cujas Vidas tocarem. Sejam uma Luz na Escuridão. Lembrem-se que é na Escuridão que a Luz brilha. Quando tudo estiver escuro à vossa volta, olhem para o vosso Interior e verão a Luz. É aí que resido... É em Ti, e não fora de Ti... Que sejas Portador dessa Luz... Sejam todos Portadores dessa Luz. Vocês já o são. Só têm de se mentalizar disso. Só assim poderão voltar a Mim. Assim seja. Amén...

- Amén... Amo-te tanto...

- Também Eu te amo muito, Ariel... Muito mais do que a tua pequena Mente pode conceber...Mete isso na tua cabeça duma vez por todas... Lê essa Mensagem e vê o quanto Te Amo, e o quanto quero te abençoar e se, muitas vezes, isso não acontece é porque não deixas... Lê e sente essa minha Nova Mensagem para ti...

FIM - E NOVO COMEÇO

É o Fim. Fim das grandes Esperanças, das grandes Ilusões. Há que acabar... Deixar acabar o que não anda, o que não desenvolve. Tudo o que não se desenvolve naturalmente é porque não é para ti. E se não é para ti, deixa ir. Larga... Solta... Há coisas que são tuas e que querem manifestar-se. Estão a aproximar-se a passo rápido e querem-se expor. Querem mostrar-se, querem que as aceites na tua Vida como tuas, sem equívocos, sem hesitações. Mas de lá de cima encontram-te cheio de incertezas, cheio de resistência, cheio de Medo da mudança, do novo. E tu não soltas o Velho, porque não vês nada de Novo a aproximar-se. E o Novo não se aproxima porque não soltas o Velho. Vês a ironia?... Se continuares como estás, irás perpetuar a Vida mesquinha, e pequenina, que tens vivido. Se soltares as amarras do Velho, e conhecido, irás soltar-te no ar, e serás levado para direcções imprevistas... Onde mora o que é para Ti. Onde está o que é Teu... E o que é Teu é muito mais do que a tua pequena Mente pode imaginar. Isso, Eu te garanto.

Jesus

(E o diálogo continuou...)

- Já sei isso. Mas Sabes como é, às vezes é difícil de acreditar... Mas mudando de assunto, explica-me melhor o Processo da Vida...

- Toda a Vida é um Processo de Criação de Quem Tu És, e depois experienciá-lo. À medida que expandes a Tua Visão, vais fazendo Novas Regras para a abranger, e à medida que vais ampliando a Tua ideia do teu Eu, crias novos "Devos" e "Não devos", "Sins" e "Nãos", que a envolvem. Esses são os limites que contêm, algo que não pode ser contido. Não te podes conter a Ti, porque és tão ilimitado como o Universo. No entanto, podes criar um Conceito sobre o teu Eu sem limites imaginando, e aceitando, limites. Num certo sentido, essa é a única forma de te poderes conhecer a ti próprio como algo em particular. O que é Ilimitado é Ilimitado. O que é Infinito é Infinito. Não pode existir em lugar algum, porque *está em toda a parte. Se está em toda a parte, não está em nenhuma parte em particular. Deus está em toda a parte. Portanto, Deus não está em nenhuma parte em particular, porque para estar em alguma parte em particular, Deus teria de não estar noutra parte, o que não é possível para Deus. Eu estou em toda a parte e mais nada... E dado que estou em toda a parte, não estou em parte nenhuma. E se estou em parte nenhuma, onde estou?... Agora aqui!... Percebes agora porque te digo que Tudo está a acontecer ao Mesmo Tempo, neste Momento de Agora?...*

- Sim percebo... No Instante Sagrado de Agora... Já percebo a Dicotomia Divina Eu Sou/Não Sou... Quando explicas as coisas, Tudo se torna tão simples... Agora fala-me mais um pouco da Morte...

- Não existe a Morte como já te disse. A Vida continua para todo o Sempre. A Vida É... Muda-se simplesmente de Forma. Depois de mudarem de Forma, deixam de existir consequências. Há apenas Saber. As consequências são um elemento da Relatividade. Não têm lugar no Absoluto porque dependem do Tempo Linear, e dos Acontecimentos Sequenciais, que não existem no Reino do Absoluto. Nesse Reino só há Paz, Alegria e Amor. Nesse Reino, saberão que o Diabo não existe, e Que São Quem Sempre Pensaram Que Eram: Bondade e Amor. A vossa Ideia de Poderem Ser Outra Coisa, proveio de um mundo louco exterior, fazendo com que ajam loucamente. Um mundo exterior de juízo e condenação. Outros vos julgaram, e a partir dos seus juízos, vocês julgaram-se a vós próprios. Agora querem que Eu vos julgue. Mas Eu não o farei... E como não podem compreender um Deus que não age como agiriam os Humanos, estão perdidos. A vossa Teologia é a vossa tentativa de se encontrarem novamente a vós próprios mas, ironicamente, só vos afastou cada vez mais de Mim. Já te expliquei isso...

- Fala-me mais então do Tempo Relativo e do Tempo Absoluto...

- Não existe Tempo. Todas as coisas existem em simultâneo. Todos os acontecimentos ocorrem ao mesmo Tempo. Este livro está a ser escrito e, ao ser escrito, já foi escrito, já existe. De facto é daí que retiras toda esta informação - do livro que já existe. Estás apenas a dar-lhe forma. É isso que significa: **"Antes mesmo de terdes perguntado, ter-vos-ei**

respondido".

- Teorias um bocado Esotéricas. Como se aplica isso na Vida Real?...

- O verdadeiro entendimento do Tempo permite-vos viver muito mais em Paz dentro da vossa Realidade de Relatividade, onde o Tempo é experienciado como um Movimento, um Fluxo, em vez de uma Constante. És Tu que te moves e não o Tempo. O Tempo não tem Movimento. Existe apenas Um Momento... Se parares para pensar, percebes isso perfeitamente. Quando algo magnífico acontece na tua vida, dizes que é como "se o Tempo parasse". Ele pára mesmo. E quando tu também páras, experiencias muitas vezes um daqueles momentos que definem a vida.

- Como é isso possível?...

- A vossa Ciência já o comprovou matematicamente. Foram escritas Fórmulas que mostram que se embarcasses numa Nave Espacial, e voasses suficientemente longe, e andasses suficientemente depressa, podias dar a volta de regresso à Terra, e observares-te a levantar voo. Isso demonstra que o Tempo não é um Movimento, mas um Campo através do qual tu te movimentas. Vemos assim que não é o Tempo que passa, mas objectos que passam através, e se movem dentro de um Campo Estático, a que chamam de Espaço. O Tempo é a vossa forma de contar movimentos. É o que os Cientistas chamam de Continuum Espaço/Tempo. **Einstein** *e outros compreenderam que o Tempo é uma Construção Mental, um Conceito Relacional. O Tempo era o que era em relação ao Espaço que existia entre os objectos. Se o Universo se está a expandir, a Terra demora mais Tempo a rodear o Sol do que há um bilião de anos atrás. Há mais Espaço a percorrer. Os vossos instrumentos altamente sofisticados de Medição de Tempo, registam agora essa discrepância de Tempo, e todos os anos, os relógios de todo o mundo, são acertados para acomodar um Universo que não pára quieto. Chamam-lhe o Tempo Médio de Greenwich.* **Einstein** *teorizou que se não era o Tempo que se movia, mas sim ele que se movia no Espaço, a um determinado ritmo, o que ele tinha de fazer era mudar a quantidade de Espaço entre objectos, ou mudar a velocidade que se movia através do Espaço entre um objecto e outro, para alterar o Tempo. Foi a sua* **Teoria Geral da Relatividade** *que expandiu a actual compreensão da correlação entre o Tempo e o*

Espaço. Se fizesses uma longa viagem através do Espaço e regressasses, poderias envelhecer apenas 10 anos, enquanto que as pessoas na Terra teriam envelhecido 30. Quando mais longe fores, mais distorcerás o Continuum Espaço/Tempo, e menos hipóteses terás de encontrar vivo quem quer que estivesse na Terra quando partiste.

- Começo a perceber...

- Espera. Escreve o resto... No entanto, se no Futuro os Cientistas desenvolvessem uma forma de propulsão mais rápida, podiam fazer batota com o Universo, e ficar em sincronia com o Tempo Real da Terra, e quando regressassem verificariam que se tinha passado na Terra o mesmo Tempo do que na Nave. Lógico, que se se dispusesse de mais propulsão, poder-se-ia voltar à Terra mesmo antes de se descolar. Quer isso dizer, que o Tempo na Terra passaria mais devagar do que o Tempo na Nave. Agora se te deparares com uma Dobra no Tecido do Espaço - (Einstein estava certo!...) - és subitamente projectado através do Espaço num Momento Infinitesimal. Esse fenómeno atirar-te-ia literalmente de volta no Tempo. Portanto, acredita que o Tempo da forma como o vêem, é uma Construção da vossa Mente. Tudo o que jamais aconteceu, e que venha a acontecer, está a acontecer Agora. A capacidade de o observar depende apenas do teu ponto de vista, ou seja, do teu "lugar no Espaço". Se estivesses no Meu Lugar, podias ver Tudo Agora Mesmo. Percebes?...

- Em teoria, sim... Mas isso é demais para mim... Mas dito assim, por Ti, é tão fácil compreender... Obrigada. A sério...

- Não tens de agradecer. Eu é que tenho de te agradecer por Me deixares usar-te como Canal de Comunicação.

- Quem sou eu para que me agradeças alguma coisa?...

- TU ÉS O QUE EU SOU... Nunca duvides...

- Se o dizes... Mas espera aí... Veio-me um Pensamento incrível à cabeça agora. Corrige-me se estiver errado. Os objectos físicos são limitados em termos de velocidade, mas os objectos não físicos - os meus Pensamentos, a minha Alma – podem, em teoria, mover-se através do Éter a Velocidades Incríveis. Certo?...

- Exactamente!... E é isso que frequentemente acontece nos Sonhos e noutras Experiências

Exteriores ao Corpo, e Experiências Psíquicas. Na Projecção Astral, e na Exotomose
também. Quando fazes Meditação, e projectas teu Espírito fora do Corpo, entras no Todo e,
ao voltares, trazes a Consciência do Todo contigo. Isso já sabes... Mas já reparaste a
Velocidade a que te movimentas?... Lembras-te quando fomos aos Pilares da Criação,
quando Te mostrei o Universo das Bolhas, quando Te levei ao Jardim de Oriôn, a Sírio, etc,
quando tempo levamos a chegar lá?...

- Nenhum...

- Vês?...

- Só há uma coisa que ainda não percebi. Se tudo já aconteceu, posso afirmar que sou
impotente para mudar o meu futuro. Isso é predestinação?...

- Não. Isso não é verdade. Estás sempre numa posição de Livre Arbítrio e de Escolha Total.
O seres capaz de "veres" o Futuro - (ou outros que o possam fazer por ti...) - deveria
potenciar a tua capacidade de viveres a Vida como queres, e não de a limitar.

- Como? Não percebi...

- Se "vires" um Acontecimento Futuro que não te agrada, não o escolhas. Escolhe outra
vez. Selecciona outro. Muda, ou altera, o teu comportamento de forma a evitares o desfecho
indesejável.

- Mas como posso evitar aquilo que já aconteceu?...

- Ainda não te aconteceu a "Ti". Ainda estás num local do Continuum Espaço/Tempo onde
não tens noção consciente da ocorrência. Não "sabes" que aconteceu. Não te "lembraste"
do teu futuro. Este Esquecimento é o Segredo de Todos os tempos. É o que torna possível
jogares o Grande Jogo da Vida. Mais tarde explicar-te-ei melhor. O que tu não "sabes" não
é "assim". Uma vez que "Tu" não te "lembras" do teu Futuro, ainda não "te"
"aconteceu". Uma coisa "acontece" quando é "experienciada". Uma coisa é
"experienciada" quando é "conhecida". Digamos que foste abençoado com uma breve
Visão, um Conhecimento, por uma fracção de segundo, do teu "Futuro". O que aconteceu
foi que o teu Espírito simplesmente desandou para outro local do Espaço/Tempo, e
regressou com alguma Energia Residual, algumas Imagens ou Impressões, deste Momento

ou Acontecimento. Essas Imagens e Impressões, consegues "sentir", ou alguém que tenha desenvolvido um Dom Metafísico, consegue "sentir", e "ver", essas Imagens e Energias que rodopiam à tua volta. Se não gostas daquilo que "pressentes" sobre o teu "Futuro", afasta-te disso. Nesse Instante mudas a tua Experiência. E cada um de Ti suspirará de alívio.

- Cada um de mim?!... Não percebi...

- Existes simultaneamente a todos os níveis do Espaço/Tempo.

- Existo em mais de um lugar?...

- Claro!... Tu existes em Toda a Parte, a Todo o Momento.

- Há um "Eu" meu no meu "Passado", e um "Eu" meu no meu "Futuro"?...

- Sabes que o Passado e o Futuro não existem. Mas nas palavras que entendes, a resposta é sim.

- Existe mais do que um "Eu"?...

- Tu És Um Só, mas Muito Maior do que pensas...

- Sendo assim, quando o "Eu" que existe "agora" muda qualquer coisa de que não gosta sobre o seu "Futuro", o "Eu" que existe no "futuro" deixa de a ter como parte da sua Experiência?...

- Sim, Todo o Mosaico Muda. Mas o teu "Eu" futuro nunca perde a Experiência que viveu. Fica apenas aliviado, e feliz, porque "Tu" não tens de passar por isso...

- Mas o meu "Eu" no Passado ainda tem que "experienciar" isso, portanto vai directo ao seu encontro?...

- Em certo sentido, sim. Mas "Tu" podes ajudá-lo.

- Como?...

- Primeiro, mudando o que o teu "Tu" à tua frente experienciou e, sendo assim, o "Tu" atrás de ti pode nunca ter de o Experienciar. É assim que a tua Alma evoluiu. Assim, o teu "Futuro Tu" foi ajudado pelo seu próprio "Eu Futuro", ajudando-te a evitar o que ele próprio não evitou.

- E nas Vidas Anteriores?... Se eu sempre fui "Eu", no Passado e no Futuro, como posso ter sido *Outro Alguém noutra Vida Anterior?...*

- *És um Ser Divino, capaz de mais de uma Experiência ao Mesmo Tempo, e capaz de dividir o teu "Eu" em tantos "Eus" diferentes quanto queiras. Podes viver "a Mesma Vida" repetidamente, de formas diferentes. E também podes viver Vidas Diferentes em Tempos Diferentes no Continuum. Assim, durante todo o Tempo que Tu estás a ser Tu, Aqui, Agora, também Podes Ser, e Ter Sido, Outros "Eus" teus noutros Tempos, e noutros Lugares.*

- *Explica-me, pela última vez, essa coisa do Tempo...*

- *O Tempo não é uma Série contínua. É um Elemento da Relatividade que existe Verticalmente e não Horizontalmente. Não penses nele da esquerda para a direita – uma chamada Linha de Tempo que decorre do Nascimento até à Morte para cada Indivíduo, e de um Ponto Finito para outro Ponto Finito do Universo. O Tempo é uma coisa de altos e baixos. Pensa nele como um fuso, que representa o Momento Eterno de Agora. Agora imagina folhas de papel sobre o fuso, umas sobre as outras. Estes são os Elementos do Tempo. Cada Elemento Separado e Distinto, contudo, existindo cada um simultaneamente com o outro. Todo o papel no fuso ao Mesmo Tempo. Há apenas um Momento – este Momento - o Momento Eteno de Agora.*

- *Mudemos de assunto: Há muita gente infeliz no mundo. Por mais que tenham, nunca são felizes. Sentem-se vazios. Os que não têm nada, ou não têm o que querem, são infelizes por isso. O que se passa afinal?... Onde estamos errando?...*

- *As pessoas inverteram o paradigma Ser-Fazer-Ter. A maior parte das pessoas acredita que se "Tiverem" uma coisa - (mais Tempo, mais Dinheiro, mais Amor) - podem finalmente "Fazer" uma coisa - (comprar casa, carro, etc...) - que lhes permitirá "Ser" uma coisa - (felizes, por exemplo...). E este paradigma está invertido. Não é o "Ter" que leva ao "Ser", mas sim o contrário. Primeiro "Sê" feliz, depois começas a "Fazer" coisas desse Estado de "Ser" e descobrirás que o que Fazes, acabará por trazer as coisas que sempre quiseste "Ter". Olha para o que queres "Ter", pergunta a ti próprio o que pensas que "Serias" se o "Tivesses", e avança directamente para o "Ser"... Desta maneira invertes a forma como tens utilizado o paradigma Ser-Fazer-Ter, e trabalhas com, e não contra, o Poder Criativo* do Universo. Na Vida, Não Tens de Fazer Nada. É tudo uma questão do que estás a ver. Pensa numa pessoa que pensa que se pudesse "Ter" um pouco mais de Tempo, um pouco mais de Dinheiro, ou um pouco mais de Amor, "Seria Verdadeiramente Feliz. Essa pessoa não entende a ligação entre não ser muito feliz "Agora" e não ter o Tempo, Dinheiro, ou o Amor que quer. Por outro lado, quando está a ser feliz, parece que se tem Tempo para Fazer Tudo o que é realmente importante, todo o Dinheiro que é preciso, e o Amor suficiente para durar uma Vida inteira.

- Descobre que tem Tudo para ser Feliz, sendo Feliz à partida...

- Exactamente... Decidir exactamente O Que Escolhes Ser, faz com que isso se reproduza na tua Experiência. Ser ou não Ser, eis a questão. A Felicidade é um Estado de Espírito. E, como todos os Estados de Espírito, reproduz-se na Forma Física.

- E como se posso Ser Feliz à partida, ou Ser seja o que for Que Procuro Ser, se Não Tenho O Que Penso Que Preciso Para O ser?...

- Comporta-te como se o fosses. E atrai-lo-ás para Ti. Por outras palavras, finge até conseguires.

- Não percebi...

- Não podes realmente. Os teus actos têm de ser sinceros. Tudo que fizeres, fá-lo com Sinceridade. Senão perdes o benefício da acção. A Lei Natural exige que o Corpo, a Mente e o Espírito, estejam unidos em Pensamento, Palavras e Obras, para que o Processo da Criação resulte. Não consegues enganar a Mente. Se não fores sincero, a tua Mente sabe-o. E aí não há nada a fazer. Fica eliminada qualquer hipótese da tua Mente ajudar-te no Processo Criativo.

- Podes explicar isso melhor?...

- Claro que podes Criar sem a Tua Mente, só que é muito mais difícil. Podes pedir ao teu Corpo para fazer qualquer coisa em que a tua Mente não acredita, e se o teu Corpo fizer isso durante o tempo suficiente, a tua Mente começará a desligar-se do Primeiro Pensamento a esse respeito, e criará um Novo Pensamento. Quando tens um Novo Pensamento sobre uma coisa, estás a caminho de a Criar como um Aspecto Permanente do *teu Ser, em vez duma coisa que estás a representar. Isso é fazer as coisas da maneira mais difícil. O Corpo faz algo em que a Mente não acredita, mas a Mente tem de acrescentar o ingrediente da Sinceridade à Acção do Corpo para que ela resulte.*

- Como pode ela acrescentar sinceridade às Acções do Corpo?...

- As Acções do Corpo podem trazer o que Escolhes, mas a Mente tem a certeza de que Deus, através de ti, trará coisas boas, a outrem. Portanto, o que Escolheres para Ti, Dá a Outro.

- Não percebi...

- O que Escolheres para Ti, Dá a Outro. Se optares por Seres Feliz, faz com que outra pessoa seja Feliz. Se optares por Ser Próspero, faz com que outra pessoa Prospere. Se optares por ter mais Amor na tua vida, faz com que outro tenha mais Amor na sua... Fá-lo sinceramente, não porque buscas ganho pessoal, mas porque queres realmente que a outra pessoa tenha isso. E todas as coisas que deres voltarão para ti.

- Como é isso?...

- O próprio acto de dares qualquer coisa faz com que experiencies que tenhas de a dar. Como não podes dar a outro aquilo que não tens, a tua Mente chega a uma Nova Conclusão, um Novo Pensamento, sobre Ti, ou seja, que Tens de Ter Isso, senão não podes estar a dá-lo. Este Novo Pensamento torna-se assim a tua Experiência. Começas a "Ser" isso. E, quando começas a Ser uma coisa, pões em marcha uma das Máquinas de Criação Mais Poderosas do Universo - o Teu Eu Divino. Seja o que for que Estiveres a Ser, Estarás a Criar... O Ciclo completa-se, e Criarás cada vez mais na tua Vida. E isso que Criares manifestar-se-á na tua Vida Física.

- Lindo! Tem lógica...

- Claro!... Quando queres alguma coisa, dá-a. Nessa altura, deixarás de querê-la. Experienciarás, imediatamente, "Tê-la". Verás que é muito mais fácil "acrescentar a" do que Criar a partir do Nada.

- Começo a perceber...

- Por exemplo: A Mente pode optar, e opta, por tomar Decisões, e fazer Escolhas, a partir de um de, pelo menos Três, Níveis Interiores: Lógica, Intuição e Emoção. E dentro de um

desses níveis - a Emoção - existem outros Cinco Níveis. São as Cinco Emoções Naturais: Tristeza, Ira, Inveja, Medo e Amor... E dentro destes últimos dois, há Dois Níveis Finais: o Amor e o Medo. As Cinco Emoções Naturais incluem o Amor e o Medo, mas o Amor e o Medo são a base de todas as Emoções. As outras Três são consequências dessas duas. Basicamente, todos os Pensamentos são suportados, ou pelo Amor, ou pelo Medo. Essa é a Grande Polaridade. E a Dualidade Primária. Tudo, em última análise, se decompõe num deles. Todos os Pensamentos, Ideias, Conceitos, Decisões, Opções e Acções, se baseiam num deles. E, no fim, existe apenas Um: O Amor... O Amor é Tudo o que existe. Até o Medo é um resultado do Amor e, quando utilizado eficazmente, exprime Amor.

- O Medo exprime Amor?...

- Na sua forma mais sublime, sim. Tudo exprime Amor quando a expressão está na forma mais sublime. Uma mãe que salva um filho no meio do trânsito exprime Medo ou Amor?...

- Ambos. Medo pela vida do filho, e Amor suficiente para arriscar a sua própria Vida para salvar o filho.

- Precisamente. E aqui vemos que o Medo, na sua forma mais sublime, se torna Amor. É Amor expresso como Medo. Da mesma forma, subindo na Escala das Emoções Naturais, a Tristeza, a Ira, e a Inveja, são todas uma certa forma de Medo, que, por sua vez, é uma certa forma de Amor.

- Agora percebo. Fala-me mais das Cinco Emoções Naturais...

- A Tristeza é a parte de ti que permite dizer adeus à mágoa que há em ti, dentro de ti, quando experiencias qualquer tipo de perda. Quando a exprimes, livras-te dela. Quando a reprimes constantemente, torna-se em depressão crónica. A Ira é o instrumento que possuis que te permite dizer "Não, obrigado...". Não tem de ser abusiva e nunca tem de ser prejudicial para os outros. As crianças às quais é permitida exprimirem a sua Ira desenvolvem uma atitude saudável em relação à Ira em adultas portanto, normalmente ultrapassam-na rapidamente. O contrário também acontece. Mas quando a Ira é constantemente reprimida, transforma-se em Raiva. A Inveja é a Emoção Natural que te faz querer repetir, esforçar-te mais, continuar a lutar até conseguir. É muito saudável ser invejoso. Por exemplo: As crianças às quais é permitido exprimirem a sua Inveja desenvolvem uma atitude muito saudável em relação à Inveja quando adultos e, portanto, ultrapassam-na rapidamente. O contrário também acontece. A Inveja continuamente reprimida, torna-se Ciúme. Já te disse que a Inveja faz nascer, o Ciúme mata. O Medo é uma Emoção Natural também. Os bebés nascem apenas com dois Medos: o Medo de cair e o Medo de ruídos fortes. Todos os outros Medos são reacções aprendidas. O objectivo do Medo é incutir um pouco de Cuidado. O Cuidado é um instrumento que ajuda a manter vivo o Corpo. É um resultado do Amor. O Amor pelo Eu... O Medo continuamente reprimido torna-se em Pânico. O Amor é uma Emoção Natural. Quando se permite a uma criança que exprima e o receba, normal e naturalmente, sem limitações nem condições, inibições ou constrangimentos, nada mais é preciso. Porque a alegria do Amor expresso, e recebido, dessa forma é suficiente só por si. No entanto, quando isso não acontece, deixa de ser natural. E as crianças em adultas terão dificuldades em lidar com o Amor. O Amor continuamente reprimido, torna-se em Possessividade. É assim que as Emoções Naturais, quando reprimidas, produzem reacções, e efeitos, não naturais. Mas se as usarem sabiamente - Emoções Naturais - elas ajudar-vos-ão na travessia da Vida.

- Está certo. Agora fala-me um pouco mais de Ti...

- Eu não sou o Deus das vossas Mitologias... Eu Sou o Criador. No entanto, opto por Me conhecer na Minha Própria Experiência. Tal como Me conheço na perfeição de um desenho de um floco de neve, na Minha beleza esmagadora através de uma rosa, assim também conheço o Meu Poder Criativo através de vós. A vós dei a capacidade de Criar Conscientemente a vossa Experiência, que é a capacidade que Eu tenho. Através de vós, posso conhecer cada aspecto de Mim. A perfeição do floco de neve, a beleza esmagadora da rosa, a coragem dos leões, tudo isso reside em vós. Coloquei-vos todas essas coisas e mais uma: a Consciência para delas estarem cientes. Assim se tornaram Conscientes do Eu... E assim vos foi dada a Dádiva Suprema, pois têm Consciência de Vós próprios, sendo Vós Próprios - que é exactamente o que Eu Sou. Eu Sou Eu Próprio, Consciente de Mim Próprio, Sendo Eu Próprio. É isso que significa a afirmação: Eu Sou O Que Sou. Vocês são *a parte de Mim que é a Consciência Experienciada. E o que experienciam - (e o que Eu experiencio por vosso intermédio) - Sou Eu a criar-Me. Eu estou no Acto Contínuo de Me Criar.*

- Então não És uma Constante?... Estás sempre a mudar?... Não Sabes o que Vais Ser no Momento Seguinte?...

- Como posso saber? Ainda não decidiste!

- Eu é que decido?...

- Sim. TU ÉS EU optando por SER EU. Tu és Eu, optando por ser O Que Eu Sou. E escolhendo o que Eu vou ser. Todos vós, colectivamente, estão a Criar isso. Fazem-no na base individual, quando cada um de Vós decide Quem É, e o Experiencia. E Fazem-no colectivamente como Ser Colectivo co-Criador que são. Eu Sou a experiência colectiva de todos Vós.

- E não Sabes mesmo Quem Vais Ser no Momento seguinte?...

- Há pouco respondi-te de coração leve. Claro que Sei... Eu já conheço todas as vossas decisões, portanto, Eu sei Quem Sou, Quem Sempre Fui, e Quem Sempre Serei...

- Como podes saber quem vou optar por Ser, Fazer e Ter, no Momento Seguinte, quanto mais o que toda a Raça Humana vai escolher?...

- Porque já fizeram a Escolha. Tudo o que alguma vez Serão, Farão, ou Terão, já fizeram. Estão a fazê-lo agora mesmo. Vês?... Não há tempo nenhum...

- Sei que já Me disseste isso antes, mas explica-me melhor por favor... Fala-me mais sobre o Tempo...

- O Passado, o Presente e o Futuro são Conceitos que vocês construíram, Realidades que inventaram, de forma a criarem um contexto dentro do qual pudessem enquadrar a vossa Experiência Presente. Doutra forma, todas as vossas - (Nossas) - Experiências se sobreporiam. Na verdade, estão a sobrepor-se, ou seja, a acontecer "ao Mesmo Tempo", simplesmente vocês não o sabem. Colocaram-se numa Concha de Percepção totalmente fechada à Realidade Total. Tudo está a acontecer Ao Mesmo Tempo. Por isso, Sei o que "Vou Ser" o que "Sou", e o que "Serei"... Sei-o sempre... A tua história - (e a de toda a

Raça humana) - foi criada para que Tu pudesses saber Quem Tu És na tua Própria Experiência. Também foi concebida para te ajudar a esquecer Quem Tu És, para que tu possas recordar Quem Tu És mais uma vez, e Criá-lo. Ou se preferires, Recriá-lo.

- Não posso Criar Quem Eu Sou, se já estiver a Experienciar Quem Eu Sou. Tenho de me esquecer de novo, para poder me Recriar de novo. E assim sucessivamente, até à Eternidade...

*- Até que enfim, percebeste. Chama-se a esse Processo de Esquecer, **O Princípio do Prazer**. A Natureza Superior de todo o Prazer, é o Aspecto do Prazer que faz com que Cries Quem Realmente És na tua Experiência, Aqui e Agora. E que Recries, Recries, e voltes a Recriar, Quem Tu És no Nível Mais Elevado de Magnificência que se segue. Esse é o Supremo Prazer de Deus. A Natureza Inferior de todo o Prazer é a parte do Prazer que faz com que te esqueças Quem Realmente És. Não a condenes pois, sem ela, não podias Experienciar a Superior.*

- É quase como se os prazeres da carne primeiro me fizessem esquecer Quem Nós Somos, para depois se tornarem na própria via da qual nos recordamos.

*- Exactamente... E a utilização do Prazer Físico, como via para recordar Quem Tu És, é conseguida fazendo subir, através do Corpo, a Energia Básica de toda a Vida. Aquilo a que vocês chamam de Energia Sexual. Eleva-se ao longo da Coluna Interior do vosso Ser até atingir a zona a que vocês chamam de **O Terceiro Olho**. É a zona atrás da testa, entre os olhos, e ligeiramente acima deles. Ao fazerem subir a Energia, fazem com que ela suba através de todo o vosso Corpo. Isso é o vosso Orgasmo Interior.*

- E como se faz isso?...

- Faz-se "Subir com o Pensamento". Faz-se literalmente "Subir" ao longo do Caminho Interior do que chamam os vossos Chacras. Depois de se fazer subir rapidamente a Energia da Vida, adquire-se o gosto pela Experiência, tal como se desenvolve o apetite pelo sexo. Essa Experiência é sublime. Rapidamente torna-se a vossa Experiência mais desejada. No entanto, nunca se perde completamente o apetite pela Energia inferior - pelas paixões básicas - nem se deve tentar. Porque o Superior não pode existir sem o Inferior na vossa

Experiência. Ao atingirem o Mais Alto, devem voltar ao Mais Baixo, a fim de Experienciarem outra vez o Prazer de Ascender ao Mais Elevado. Esse é o Ritmo Sagrado da Vida. Conseguem-no não só movimentando a Energia no Interior do vosso Corpo, mas também movimentando a Energia Maior no Interior do Corpo de Deus. Vocês encarnam como Formas Inferiores, depois evoluem para Estados Superiores de Consciência. Estão simplesmente a fazer subir a Energia no Corpo de Deus. Vocês são essa Energia. E quando atingem o Estado Supremo, experienciam-no plenamente, e em seguida decidem o que querem Experienciar a seguir e onde, no Campo da Relatividade, Escolhem Ir para o Experienciar. Podem desejar Experienciarem-se novamente a transformarem-se no vosso Eu, e recomeçarem tudo de novo na Roda Cósmica.

- Uau... Lindo... Mas espera aí... A Roda Cósmica não é o mesmo que Roda Cármica?...

*- Não. A Roda Cármica é coisa que não existe. Na maneira como a entendem, não. Muitos de vós imaginaram estar, não numa Roda, mas numa Passadeira Rolante, na qual se penitenciam de acções passadas, e se esforçam por não cometerem outras. Isso é o que chamam de Roda Cármica. Não é muito diferente de algumas das vossas Teologias Ocidentais, pois em ambos os paradigmas figuram como pecadores indignos que tentam alcançar a Pureza Espiritual, para tentar alcançar o Nível Espiritual seguinte. Na Roda Cósmica nada existe de Penitência, Indignidade, Castigo ou Purificação. A Roda Cósmica descreve simplesmente a Verdade, aquilo a que se poderia chamar a Cosmologia do Universo. É o Ciclo da Vida, aquilo a que Eu chamo de: **O Processo**. É uma frase que descreve a Natureza Sem-Princípio-Nem-Fim das coisas. O trilho continuamente aberto entre o Todo de Tudo, na qual a Alma empreende alegremente a Sua Jornada por toda a Eternidade. É o Ritmo Sagrado de Toda a Vida, através do qual vocês movimentam a Energia de Deus.*

- Sendo assim, não existe um Lugar "Inferior" nem "Superior" na Roda Cósmica?...

- Exactamente. Por isso não condenes os instintos inferiores, básicos, e animais, dos Homens, mas abençoa-os, respeitando-os como o caminho através do qual, e pelo qual, todos vocês encontrarão o Caminho de Regresso a Casa.

- Deste modo, alivia muita gente de culpas em relação ao sexo...

- Brinquem com o sexo e com toda a Vida. Os vossos Corpos são os vossos Altares. São o Lugar Supremo do Amor. E vejam os vossos quartos de dormir como o vosso Lugar Supremo de Adoração. Sigam em frente. Misturem o Profano e o Profundo. Para verem que não há diferença e experienciem Tudo como Um. Então, quando continuarem a evoluir, não se verão mais a desistir do sexo, mas sim a desfrutá-lo a um Nível Superior. Porque Toda a Vida é uma Troca Sinérgica de Energia. E se compreenderem isso em relação ao sexo, compreendê-lo-ão em relação a Tudo na Vida. Mesmo na Morte, não se verão a desistir da Vida, mas simplesmente a Despertá-la a um Nível Superior. Quando, por fim, virem que não existe Separação no Mundo de Deus - ou seja, não há nada que não seja Deus - então finalmente desistirão dessa ideia inventada pelo Homem a que chamaram Satanás. Se ele existe, existe em todos os Pensamentos que alguma vez tiveram de Separação de Mim. Vocês não podem ser separados de Mim, porque Eu Sou Tudo O Que É, e Tudo O Que Existe... Os Homens inventaram o diabo para obrigarem as pessoas a fazer o que eles queriam por Medo, sob a ameaça de Separação de Deus, se não o fizessem. A Condenação, o ser lançado no Fogo Eterno do Inferno, foi a Táctica Suprema de meter Medo. Mas não há que ter Medo. Porque Nada pode, nem nunca poderá, separar-vos de Mim. Vocês e Eu Somos Um. Não podemos ser outra coisa, se Eu Sou Tudo o Que Sou. Eu Sou Tudo O Que É... Porque Me condenaria a Mim Próprio?... E como o faria?... Como Me poderia separar de Mim Próprio, quando Eu Próprio Sou Tudo o Que É, e Nada mais existe?... O Meu Propósito é evoluir, não é condenar; crescer e não morrer; experienciar e não deixar de experienciar. O Meu Propósito é Ser e Não Deixar de Ser. Não tenho nenhuma forma de me separar de vós. O Inferno é não saber isso. A Salvação é sabê-lo, e compreendê-lo, inteiramente. Agora estão salvos... Já não precisam se preocupar mais com o que vos vai acontecer "depois da Morte", porque simplesmente a Morte não existe. E mesmo que existisse, não haveria condenação. Eu Sou Amor e não Julgamento. Até quando vou ter de vos explicar isso?...

- Já agora fala-me um pouco mais da Morte...

- Para começar não morres. Porque És a própria Vida... O teu Eu pode ver o Corpo ali inerte, todo amassado e, no entanto, o Eu movimenta-se por todo o lado. Tem a Experiência de voar por toda a sala, e de estar em toda a parte do espaço em simultâneo. E quando Deseja uma determinada perspectiva, encontra-se subitamente a Experienciá-la. A Alma apercebe-se muito rapidamente que pode ir a qualquer lugar, à Velocidade do Pensamento. Uma liberdade e uma leveza incríveis invadem a Alma, e normalmente leva algum tempo até à Entidade se habituar a todo esse esvoaçar a cada Pensamento. A Alma também aprende que não só pode estar onde quer que queira à Velocidade do Pensamento, como pode estar "em vários lugares ao mesmo tempo". Pode existir, observar, e entregar-se a actividades nesses lugares, simultaneamente, sem nenhuma dificuldade. Depois, "volta-se a juntar-se" a Si Própria, regressando a um Lugar, mudando simplesmente o Foco de Concentração.

- Aquilo em que me concentro como minha atenção, torna-se a Minha Realidade?...

- Exactamente. A única diferença é a velocidade que experiencias o resultado. Na vida física pode haver um "lapso de tempo" entre o Pensamento e a Experiência. No Domínio do Espírito não existe esse "lapso"; os resultados são instantâneos. As Almas acabadas de partir aprendem assim a controlar os Seus Pensamentos com muito cuidado porque, seja o que for que Pensem, Experienciam-no Instantânea, e Imediatamente. A palavra "Aprender" aqui não é correcta. Mas sim a palavra "Recordar". Se as Almas Fisicalizadas "aprendessem" a controlar os Pensamentos de forma tão rápida, e eficazmente, como as Almas Espiritualizadas, as Suas Vidas mudariam completamente. E instantaneamente também. Na Criação da Realidade Individual, o Controle do Pensamento, ou o que alguns chamam de Oração, é Tudo.

- Oração?...

- O Controle do Pensamento é a Forma Mais Elevada de Oração. Portanto, Pensem apenas em coisas boas e rectas. Não se entreguem à Negatividade nem à Escuridão. E mesmo nos Momentos em que as coisas pareçam desanimadoras - especialmente nesses Momentos, vejam apenas Perfeição, exprimam apenas Gratidão, e imaginem apenas que Manifestação de Perfeição escolhem a seguir.

- Lindo!... Continua, continua...

- Aí encontrarás a Tranquilidade. Neste Processo se encontra a Paz. Nessa Consciencialização se encontra a Alegria. O "lapso do tempo" entre o Pensamento e a Criação - que pode ser dias, semanas, meses ou até anos - é que Cria a Ilusão que as coisas te estão a acontecer a Ti, e não por Tua Causa. Isso é uma Ilusão... Que te faz esquecer que Tu estás na questão. Este Esquecimento está integrado no Sistema. Faz parte do Processo. Não podes Criar Quem Tu És enquanto não esqueceres Quem Tu És. Essa Ilusão é um efeito criado de propósito. Quando deixares o Corpo, será uma enorme surpresa ver a ligação instantânea, e óbvia, entre os teus Pensamentos e as Tuas Criações. Inicialmente será chocante mas depois será muito agradável, quando te começares a lembrar que estás na Causa na Criação da Tua Experiência, e não no seu Efeito.

- Porque há esse "lapso", essa "demora", entre o Pensamento e a Criação antes de morrermos, e não há nenhuma demora depois de morrermos?...

- Porque estão a funcionar dentro da Ilusão do Tempo. Fora do Corpo não há demora porque estão fora do parâmetro do Tempo. O Tempo não existe. Não como vocês o entendem. O fenómeno do "Tempo" é, na realidade, uma função da perspectiva.

- E porque não existe enquanto estamos no corpo?...

- Vocês provocaram-no ao assumirem a vossa perspectiva. Utilizam-na como um instrumento com o qual podem explorar, e examinar, as vossas Experiências de uma forma muito mais completa, separando-os em Partes Individuais, em vez de uma Única Ocorrência. A Vida é uma Ocorrência Única, um Acontecimento no Cosmo que está a acontecer Neste Preciso Momento. E em toda a parte. Não há outro Tempo senão Agora. Não há outro Lugar senão Aqui. Aqui e agora É Tudo O Que É, e É Tudo O Que Existe... No entanto, vocês optaram por Experienciar a Magnificência do Aqui e Agora em todos os seus detalhes, e para Experienciarem o vosso Eu Divino como o Criador Aqui e Agora dessa Realidade. Só havia duas formas em como o poderiam fazer. No Tempo e no Espaço. De tal forma era Magnífico esse Pensamento que explodiram literalmente de deleite. Nessa Explosão criou-se Espaço entre as partes que vos compõem, e o Tempo que demorava a ir de uma parte para a outra. Desta forma, despedaçaram literalmente o vosso Eu para olharem para cada Pedaço. Pode dizer-se que ficaram tão felizes que se "desfizeram em pedaços."... Têm andado a apanhar esses pedaços desde então...

- Toda a minha Vida tem sido isso. Estou a juntar os pedaços, tentando ver se fazem sentido...

- E foi através do artifício chamado "Tempo" que conseguiram separar os pedaços, dividir o indivisível, para o ver, e experienciar, de maneira mais completa à medida que o criam. Tal como olhas para um objecto sólido através do microscópio, e vês que não é nada sólido, mas na verdade um conglomerado de um milhão de efeitos diferentes - coisas diferentes todas a acontecer "ao mesmo Tempo" - e criando assim o Efeito Maior, assim utilizas o Tempo como o Microscópio da Alma. Já conheces a **Parábola da Pedra**?...

- Não, conta-me...

- Era uma vez uma pedra, que continha imensos átomos, protões, electrões e partículas sub atómicas da Matéria. Elas moviam-se vertiginosa, e continuamente, num certo padrão, cada partícula indo "daqui" para "ali" e levando "tempo" a fazê-lo, mas tão rapidamente que parecia que a pedra em si não se movia. Limitava-se a estar... **" O que é isso, dentro de mim, que se move?..."** , perguntou a pedra... **"És Tu"**, disse uma Voz longínqua... **"Eu?... Impossível. Eu nem me estou a mexer. Qualquer pessoa o vê…".** **"Sim, à distância...",** disse a Voz. E continuou... **"Aqui de longe pareces mesmo sólida e imóvel. Mas quando me aproximo, quando olho muito de perto para o que está realmente a acontecer, vejo que tudo o que constitui o Que Tu És, se move. Move-se a uma velocidade incrível através do Tempo e do Espaço, num determinado padrão que te cria como a coisa chamada "pedra"...** És assim, como a Magia. Moves-te, e não te moves, ao mesmo tempo... **"Mas qual é então a Ilusão?...",** perguntou a pedra... **"A Unidade, a Imobilidade da Pedra, ou a Separabilidade e o Movimento das Suas Partes?...",** ao que a Voz respondeu: **"Qual é então a Ilusão?... A Unidade, a Imobilidade de Deus?... Ou a Separabilidade, e o Movimento das Suas Partes?..."** . Eu vos digo: "Sobre esta Pedra edificarei a Minha Igreja. Porque é a Pedra dos Tempos. Esta é a Verdade Eterna que Tudo Revela. Esta é a

Cosmologia Do Universo e de Tudo O Que Existe....

- Uau...

- A Vida é uma Série de Movimentos Mínimos, e Incrivelmente Rápidos, mas estes Movimentos não afectam em nada a Imobilidade, e o Ser de Tudo O Que É... Contudo, tal como os Átomos da Pedra, é o Movimento que cria a Imobilidade, mesmo em frente aos vossos olhos. A esta distância, não há Separação. Não pode haver, porque Tudo O Que É, É Tudo O Que Existe, e Nada Mais Existe. Eu Sou o Movedor Imóvel... Da perspectiva de vocês se verem como Tudo O Que É, vêem-se como separados, e à parte, não como Um Ser Imóvel, mas como muitos, muitos Seres, em constante movimento. Ambas as observações são exactas. Ambas são reais...

- E quando eu morrer, não morro nada, mas passo simplesmente para um Estado de Percepção do Macrocosmo, onde não existe Tempo nem Espaço, Agora e Então, Antes e Depois.

- Precisamente. Percebeste... Toda a Vida é uma questão de perspectiva. Se continuares a ver essa Verdade, começarás a compreender a Macro-Realidade de Deus. E terás desvendado o Segredo de Todo o Universo: Todo Ele É a Mesma Coisa.

- E é à Macro-Realidade que regressamos em Consciência quando "morremos"?...

- Sim. Mas mesmo a Macro-Realidade a que se regressa não é senão uma Micro-Realidade de uma Macro-Realidade ainda Maior, que É uma Parte Mais Pequena do que uma Realidade Maior do que essa - e assim por diante, para Todo o Sempre, e Mais Além... Nós somos Deus - O Que É - no Acto Constante de Criarmos o nosso Eu, no Acto Constante de Sermos o que Somos Agora, até Deixarmos de o Ser, e Sermos outra coisa. A própria Pedra não será uma Pedra para sempre, mas apenas durante o que parece "para sempre". Antes de ser uma Pedra, era outra coisa. Fossilizou-se na forma daquela Pedra, por um Processo que levou centenas de milhares de anos. Já foi outra coisa, e será outra coisa ainda de novo. O mesmo se aplica a Ti... Não foste sempre o "Tu" que És Agora. Eras outra coisa... E hoje, tal como te encontras na tua Pura Magnificência, És verdadeiramente outra coisa de novo.

- Sendo assim, o "Tempo" é, na realidade, perspectiva e, à maneira que a Alma modifica a sua perspectiva, Experiencia a Verdadeira Realidade de formas diferentes.

- Exactamente...

- E a Alma está Consciente, no Macro-Cosmo, da relação directa entre Pensamento e Criação; entre as Ideias e a Experiência de cada Um.

- Sim... Ao nível Macro, é como ver a Pedra e o Movimento dentro dela. Não existe "Tempo" entre o Movimento dos Átomos e o Aspecto da Pedra que ele cria. A Pedra "É", mesmo quando os Movimentos ocorrem. De facto, porque os Movimentos ocorrem. A Causa e o Efeito são Instantâneos. O Movimento está a ocorrer, e a Pedra a "Ser Tudo", "ao mesmo tempo". É disso que a Alma se apercebe no Momento a que chamam "Morte". É simplesmente uma Mudança de Perspectiva. Vê-se mais, portanto, Compreende-se mais... Após a Morte, deixas de ter um Entendimento Limitado. Vês a Pedra, e vês dentro da Pedra. Olhas para aquilo que agora parecem ser os aspectos mais complexos da Vida, e dizes: "Claro...". Será tudo muito claro para ti... Haverá então Novos Mistérios para ponderares. À maneira que te movimentares na Roda Cósmica, haverá Realidades cada vez mais Amplas, Verdades cada vez Maiores. Mas se fores capaz de te lembrar desta Verdade - a tua Perspectiva Cria os teus Pensamentos, e os teus Pensamentos Criam Tudo - e se te lembrares dela antes de deixares o Corpo, e não depois, a tua Vida mudará...

- Percebo agora um pouco melhor...

- Tudo o que acontece, Tudo o que aconteceu, Está a acontecer, e que alguma vez acontecerá - é a Manifestação Física Exterior dos teus Pensamentos, Escolhas e Ideias, em relação a Quem Tu És, e a Quem Escolhes Ser... Não condenes, então, os Aspectos da Vida de que discordas. Procura antes mudá-los, e às condições que os tornaram possíveis. Olha a Escuridão, mas não a amaldiçoes. Sê antes a Luz na Escuridão, e transforma-a. Deixa a tua Luz brilhar entre os Homens, de forma a que os que se encontram nas Trevas sejam iluminados pela Luz do teu Ser, e todos possam ver, por fim, Quem Realmente São... Sê um Portador da Luz... Pois a tua Luz pode trazer mais do que simplesmente iluminar apenas o teu Próprio Caminho. Pode trazer Luz ao Caminho de muitos Outros... Não foi o que Meu

Filho fez quando esteve aí?... Não queres seguir o Mestre?... Então faz o mesmo...

- Fala-me mais do que acontece à Alma após a Morte...

- Já te disse que Crias a tua Realidade não só quando estás no Corpo, mas também fora dele. Ao princípio, podes não te aperceber, e não estares, portanto, Conscientemente, Criando a tua Realidade. A tua Experiência será então Criada por uma de duas outras Energias: ou pelos teus Pensamentos Não Controlados, ou pela Consciência Colectiva. No grau em que os teus Pensamentos Não Controlados forem mais fortes do que a Consciência Colectiva, nesse grau os Experienciarás como Realidade. No grau em que a Consciência Colectiva for aceite, absorvida e interiorizada, nesse grau a Experienciarás como a Tua Realidade. Isso não é diferente de como Crias o que chamas Realidade na tua Vida Presente. Na Vida, tens sempre três opções perante ti:

1ª - Podes deixar que os teus Pensamentos Não Controlados criem O Momento.

2ª - Podes permitir que a tua Consciência Criativa Crie O Momento.

3ª - Podes deixar que a Consciência Colectiva Crie O Momento

Mas existe uma ironia: Na tua Vida Presente, achas difícil Criar Conscientemente a partir da tua Percepção Individual e, de facto, assumes muitas vezes os teus entendimentos individuais como errados, em face de tudo o que vês à tua volta e, assim, cedes perante a Consciência Colectiva, quer te sirva quer não. Após a "Morte", pelo contrário, podes ter dificuldade em ceder perante a Consciência Colectiva, em face do que vês à tua volta, e serás tentado em manter os teus entendimentos individuais, quer te sirvam quer não. Mas digo-te que é quando estás rodeado de Consciência Inferior que mais beneficias de conservar os teus entendimentos individuais, e quando estás rodeado de Consciência Superior que obténs maior benefício na cedência. Pode, portanto, ser sensato procurar Seres de Consciência Superior. Não é demais salientar a importância das companhias que se cultivam. Após a "Morte" não há como te preocupares nesse aspecto, porque estarás instantânea, e automaticamente, rodeado de Seres de Consciência Superior - e pela Própria Consciência Superior... No entanto, podes não saber que estás a ser rodeado afectuosamente dessa forma; podes não compreender imediatamente. Pode, portanto, parecer que as coisas te estão a "acontecer"; que estás sujeito ao capricho das marés que actuam nesse Momento. Na verdade, Experiencias a Consciência em que "morres". Alguns de vocês têm expectativas, mesmo sem o saberem. Toda a vida pensaram no que acontece após a "Morte" e, quando "morrem", esses Pensamentos tornam-se manifestos, e realizam - (tornam real) - aquilo em que tinham pensado. E são os vossos Pensamentos Mais Fortes que, como sempre na Vida, irão prevalecer...

- Então, uma pessoa pode ir para o Inferno se acreditar nele?...

- Já te disse que Nada existe na Realidade Suprema a não ser O Que É... Vocês podem Criar qualquer Sub-Realidade à vossa escolha, incluindo a Experiência do Inferno. Eu nunca disse que não podiam Experienciar o Inferno. Disse foi que o Inferno não existe... A maior parte do que vocês Experienciam não existe mas, mesmo assim, vocês Experienciam-no. Não te esqueças é que se Experiencia após a Morte exactamente aquilo que se espera, e se escolhe, experienciar...

- Se o Inferno não existe, e o estou a Experienciar, qual é a diferença?...

- Não haverá nenhuma, enquanto te mantiveres na tua Realidade Criada. Mas não Criarás essa Realidade para sempre. Alguns de vos não a experienciarão mais do que um nanosegundo e, portanto, não experienciarão, mesmo nos Domínios Privados da vossa Imaginação, algum Lugar de tristeza ou de Sofrimento...

- E o que me impediria de ir para um lugar como esse para toda a eternidade, se eu acreditasse que esse lugar existia?...

- O teu Conhecimento e Entendimento. Tal como nessa Vida, o Momento Seguinte é criado de acordo com novos Entendimentos que adquiriste do teu Momento Anterior, assim também, no que vocês chamam de "a outra vida", criarás um Novo Momento a partir do que vieres a saber, e a compreender, do antigo. E uma coisa que virás a saber, e a compreender, muito depressa é que tens sempre escolha quanto ao que desejares

experienciar. Isso porque os resultados na outra vida são instantâneos, e não conseguirás perder a ligação entre os Pensamentos sobre uma coisa e a experiência que esses Pensamentos Criam. Perceberás que estas a Criar a tua própria Realidade. Isso explica muita coisa em relação às Experiências de Quase-Morte. Uns voltam muito assustados, e outros vêm, e voltam a viver, muito mais em Paz... A Alma reage, recria, a Sugestão Mais Poderosa da Mente, produzindo-a na sua experiência. Há Almas que permanecem nessa Experiência durante algum tempo, tornando-a muito Real, outras adaptam-se rapidamente, vêm a Experiência pelo que ela é, começam a ter Novos Pensamentos e passam imediatamente para Novas Experiências.

- E quando chegaremos a conhecer a Verdade?...

- Aqueles cujo Único desejo é conhecer a Verdade de Tudo O Que É, compreender os Grandes Mistérios, Experienciar a Realidade Mais Grandiosa, fazem-no. Existe uma Grande Verdade. Há, de facto, uma Realidade Final. Mas obterás sempre aquilo que Escolheres - independentemente dessa Realidade - precisamente porque a Realidade é que Tu És uma Criatura Divina, criando divinamente a tua Realidade, à maneira que a experiências. Mas, se optares por deixar de criar a tua Realidade Individual, e começares a compreender e a experienciar a Realidade Unificada mais lata, terás imediatamente oportunidade de o fazer. Aqueles que "morrem" nesse Estado de Escolha, passam imediatamente à Experiência da Unidade. Outros só passam para essa Experiência se, e quando, o desejarem. É precisamente o mesmo quando a Alma se encontra no Corpo. É tudo uma questão de Desejo, da vossa Opção, da vossa Criação e, finalmente, da vossa Criação do que Não Pode Ser Criado; ou seja, a vossa Experiência do que já foi Criado.

- Não percebi...

- Este é o Criador Criado. O Movedor Imóvel. É o Alfa e o Ómega, o Antes e o Depois, aquilo a que chamam Deus. Nunca vos abandonarei mas também nunca vos imporei o meu Eu. Nunca o fiz nem nunca o farei. Podem voltar a Mim sempre que desejarem. Agora, enquanto estão no Corpo, ou quando o deixarem. Podem voltar ao Único e experienciar a perda do vosso Eu sempre que vos agrade. Podem também recriar a Experiência do vosso

Eu individual sempre que quiserem. Podem experienciar qualquer Aspecto que quiserem de Tudo O Que É, na sua mais Ínfima Proporção, ou na Maior. Podem Experienciar o Microcosmo ou o Macrocosmo. Podem Experienciar a Partícula ou a Pedra...

(De repente deixou de me ditar as Mensagens do que estávamos falando, e disse-me isso...)

MÚSICA

Ouve uma música de que gostes. Põe a tocar uma música de que gostes... Eleva a tua Alma a Mim, e vem dançar. Encontra-te Comigo cá em cima, neste contexto mágico de Luz, e deixa a tua Essência voar. Deixa que ela se expresse na imensidão do Céu. E à conta do Amor que sentes por essa música, vou encontrar-Me com o teu coração cá em cima, e vou ter oportunidade de o salvar da Tristeza, do Frio, da Melancolia e da Violência. E quando o teu coração voltar à Terra, estará cheio de Mim, e a Tristeza terá passado. E poderás olhar cada coisa como ela verdadeiramente é, sem o peso do filtro que trazes, e que te faz ver tudo escuro. E vais poder Sentir a Claridade. E, no teu coração, para todo o sempre, ficará plasmada a Minha Imagem, a Minha Energia e o Meu Amor por pessoas que, como tu, não têm Medo de vir buscar Inspiração aos Céus.

Jesus

*(Perguntei-lhe o porquê dessa Mensagem... **"Porque precisavas ouvi-la..."**, foi essa a Sua Resposta e mais não disse. E voltou às Mensagens anteriores...)*

- *Bem, continuando... Quando resides no Corpo Humano, Experiencias uma Porção Menor do que o Todo. Quando resides Fora do Corpo - (Mundo do Espírito ou Mundo Espiritual) - alargas em muito a tua Perspectiva. De repente, parecer-te-á saberes Tudo, seres capaz de Tudo. Terás uma Visão Macroscópica das coisas, permitindo-te compreender o que agora não compreendes. Uma das coisas que compreenderás é que há um Macrocosmos ainda Maior. Tornar-se-á claro que Tudo O Que É, é ainda Maior do que a Realidade que experienciarás nessa altura.*

- *Conta mais...*

- *Depois da tua "morte" poderás optar por obter resposta a todas as perguntas que alguma vez tiveste. E abrir-te-á a novas questões que nunca sonhaste que existiam. Podes optar por experienciar a Unidade com Tudo O Que É. E terás a oportunidade de decidires o que Queres Ser, e Ter, a seguir. Queres optar por voltar ao teu Corpo mais recente?... Optas por experienciar a Vida sob a forma humana, mas de outro tipo?... Ou queres ficar onde estás no Mundo do Espírito?... Optas por continuar, por ir mais Além, no teu Conhecimento e Experiência?... Optas por "perder a tua identidade" e te tornares parte da Unidade?... O que escolhes?... Será sempre essa pergunta que Te farei. Será sempre essa a pergunta do Universo. Porque o Universo nada sabe, senão conceder-te o teu Desejo Favorito, a tua Maior Vontade. Na verdade, fá-lo a cada Momento, a cada dia. A diferença entre Tu e Eu é que não tens essa Noção Consciente. E Eu tenho.*

- *Os meus entes queridos, os meus familiares, virão ter comigo depois de eu "morrer" para* me ajudar a compreender o que se passa, como se diz por aí?...

- O que escolhes?... Optas por que essas coisas aconteçam?... Então acontecerão.

- Então o meu livre arbítrio perpetua-se para além da "morte"?...

- Claro!

- Se isso é verdade, o livre arbítrio dos meus entes queridos teria de coincidir com o meu, eles teriam de ter o Mesmo Pensamento e o Mesmo Desejo que eu, quando eu o tivesse. Talvez até algum deles quisesse passar para Níveis cada vez Mais Elevados nessa Experiência de Reunificação com a Unidade. E então?...

- Não há contradição no Universo. Há coisas que parecem contradições mas na verdade não há nenhuma. Se acontecesse uma situação assim, o que aconteceria é que ambos teriam o que escolhessem.

- Como?...

- Que ideia tens de Mim?... Pensas que Existo em um único lugar?...

- Que estás em Toda a Parte e ao Mesmo Tempo. És Omnipresente.

- Certo. E o que te leva a pensar que contigo é diferente?...

- Isso é impossível...

- É apenas uma questão daquilo por que a Consciência opta por Experienciar como Realidade. No Mundo Espiritual, o que Consegues Imaginar, Consegues Experienciar... Se quiseres Experienciar-te como uma Alma, num Lugar, num determinado "Tempo", podes fazê-lo. Mas se quiseres Experienciar o teu Espírito como Algo Mais Amplo que isso, estando em Mais de um Lugar, ao Mesmo "Tempo", também o podes fazer. De facto, podes Experienciar o teu Espírito como estando Em Qualquer Lugar que Desejes, em qualquer "Tempo". Já não te disse que há "Um só Tempo" e "Um só "Lugar", e que Estás Sempre em Todo Ele?... Portanto, podes Experienciar qualquer Parte, ou Partes Dele, Sempre que Desejes, Sempre que Quiseres. Então, e se eu quiser que os meus familiares estejam comigo, e um deles quiser ser "parte do Todo", que está noutro lugar qualquer, o que acontece?...

- Não é possível que tu e os teus familiares não queiram a mesma coisa. Tu e Eu, os teus familiares e Eu, Somos Um só. O próprio Acto de Desejares alguma coisa, é o Acto de Eu

Desejar alguma coisa, uma vez que Tu És simplesmente Eu, vivendo a Experiência chamada "Desejo". Portanto, o que tu Desejas, Eu Desejo. Os teus familiares e Eu, Somos Um só. Portanto, o que Eu desejo, eles desejam também. Daí resulta que o que Tu Desejas, os teus familiares Desejam também.

- Agora percebi...

- Na Terra, também é verdade, que todos vocês desejam a mesma coisa. Paz, Prosperidade, Alegria, Amor, Realização, etc... Todas desejam a mesma coisa. Pensas que é coincidência?... Não é... É a forma como a Vida funciona. A única coisa que é diferente na Terra do que é no Mundo Espiritual, é que, na Terra, apesar de Desejarem Todos a mesma coisa, todos tem Ideias Diferentes sobre a Forma de a alcançarem. Por isso, vão todos em direcções diferentes à procura da mesma coisa. Essa diferença de ideias é que produz os vossos resultados diferentes. Um dos Pensamentos Globais do Homem é o da Insuficiência. Muitos de vocês acreditem, no mais íntimo do vosso Ser, que não há simplesmente o suficiente. Não há o suficiente de coisa alguma. Não há Amor, Dinheiro, Alimento, Roupa e Abrigo que chegue e, seguramente, vocês não chegam para tudo. Esse Pensamento faz com que empreguem todo o tipo de estratégias procurando adquirir aquilo que pensam que não há em quantidade suficiente. São abordagens que abandonariam imediatamente se tivessem a certeza de haver o suficiente para todos, seja o que for que desejem. Naquilo a que vocês chamam Céu, as vossas Ideias de Insuficiência desaparecem, porque se Consciencializam de que não existe Separação entre Vocês e seja o que for que Desejarem. Consciencializam-se de que vocês são mais do que suficientes. Consciencializam-se de que vocês podem estar em Mais do que Um Lugar, num determinado "Tempo", portanto não há razão para não querer o que quer o vosso irmão queira, ou deseje, não há razão alguma para não escolher o que escolhe a vossa irmã. Se eles vos Quiserem no seu Espaço na hora da sua Morte, o Pensarem em vós, chama-vos até eles. E não há razão para não acorrerem junto deles, já que a vossa ida nada retira a seja o que for que estejam a fazer. Esse Estado para não ter razões para dizer que "Não" é o Estado em que Resido a Todo o Momento. Eu nunca digo que Não. Dar-vos-ei exactamente o que Desejarem, Sempre.

- E é verdade que Estás a dar a todas as pessoas exactamente o que Desejam a Todo o Momento?...

- Sim. A tua Vida é um reflexo do que tu Desejas. E é daquilo que Crês que podes Ter o que Desejas. Não te posso dar aquilo que Não Crês que podes Ter - por muito que o Desejes - porque não violarei o teu Pensamento a esse respeito. Não posso. Essa é a Lei. Acreditar que não se pode ter uma coisa é a mesma coisa que não desejar tê-la, porque produz o mesmo resultado.

- Mas na Terra Não Podemos Ter Tudo o que Queremos. Não podemos estar "em dois Lugares ao Mesmo Tempo". E há muitas coisas que Podemos Desejar, mas que Não as Podemos Ter, porque na Terra somos muito limitados.

- Eu sei que vês as coisas dessa maneira e, portanto, é dessa maneira que são para ti. Porque uma coisa que será Eternamente Verdade, é que te será sempre dada a Experiência que Acreditas que te será dada. Assim, se dizes que "Não Podes Estar em Dois Lugares ao Mesmo Tempo", então Não Podes. Mas se dizes que "Podes Estar Onde Quer que Queiras à Velocidade do Pensamento, e que até te podes tornar manifesto na Forma Física "Em Mais do que Um Lugar, num determinado Momento, então Podes Fazê-lo.

- Como posso alcançar esse grau de Fé?...

- Não o podes Alcançar. Só lá podes Estar. Não é algo que se tente Adquirir. De facto, se o Tentares Adquirir, Não o Podes Ter. É algo que tens simplesmente de Ser... És simplesmente esse Conhecimento. És esse Ser. Esse Estado de Ser provém dum Estado de Consciencialização Total. Só pode provir desse Estado. Se procurares tornar-te Consciente, não o podes Ser. E quando tiveres num Estado de Consciencialização Total, poderás fazer as coisas que os Seres em Estado de Consciencialização Total podem fazer. Portanto, não "tentes acreditar" que podes fazer essas coisas. Tenta antes passar para um Estado de Total Consciencialização. Então deixará de ser necessário Acreditar. O Conhecimento Total operará as suas maravilhas.

- Lindo... Outra coisa: Falaste-me da "Vida entre Vidas". Isso significa que posso Recriar a minha Experiência do meu Eu Individual Sempre que eu Quiser?...

- *Podes emergir do Todo em qualquer altura que tu queiras, com um novo Eu, ou com o mesmo Eu que eras antes.*

- *Posso reter, e regressar, à minha Consciência Individual?*

- *Sim. Podes ter qualquer Experiência que Desejes, em Qualquer Altura.*

- *E posso regressar a essa Vida com o Mesmo Corpo?*

- *Sim. Jesus o fez.*

- *Sim, mas eu não sou Jesus...*

- *Ele não disse: Essas coisas, e outras, também vós fareis?"...*

- *Sim, mas não me parece que Ele estivesse a falar de Milagres desses...*

- *Lamento que não te pareça. Porque Jesus não foi o único que ressuscitou de entre os mortos.*

- *Não?!...*

- *Não. Já ouviste falar de **Mahavatar Babaji**?... Só para citar um. Ele ressuscitou no Mesmo Corpo. Todos os dias pessoas ressuscitam, de entre os mortos. Na verdade, bastantes pessoas o fazem, em forma de Espírito. Admito que não haja muitas Almas a quererem regressar ao corpo.*

- *Se é assim tão fácil, porque não há mais pessoas a fazê-lo?...*

- *Não é uma questão de facilidade. É uma questão de desejabilidade. É rara a Alma que deseja regressar à fisicalidade na mesma forma que antes. Se uma Alma opta por regressar ao Corpo, quase sempre o faz com outro Corpo; um Corpo Diferente. Dessa forma, inicia um Novo Programa, Experiencia Novas Recordações, empreende Novas Aventuras. Geralmente, as Almas deixam os Corpos porque acabaram com eles. Terminaram o que tinham a fazer quando se ligaram ao Corpo. Experienciaram a Experiência que procuravam.*

- *E os que morrem por acidente?*

- *Continuas a achar que as pessoas morrem por acidente?... Nada neste Universo acontece por acidente. Acidente é coisa que não existe. Tal como não existe a Coincidência.*

- *Se eu me convencesse disso, nunca mais choraria a morte de ninguém.*

- Chorar por eles é a ultima coisa que eles quereriam que fizesses por eles. Se soubesse Onde eles estão, e que estão lá por Escolha Sua, celebrarias a sua partida. Se Experienciasses aquilo a que chamas "a outra Vida" por um só Momento, tendo lá chegado com o teu Pensamento Mais Sublime sobre Ti Próprio e sobre Deus, terias o maior dos sorrisos no seu funeral, e deixarias a alegria invadir o teu coração.

- Choramos nos nossos funerais a nossa perda.

- Esse choro é bom. Exalta o Amor entre ti e a pessoa que partiu. Contudo, mesmo esse luto seria curto se conhecesses as Realidades Grandiosas e as Experiências Maravilhosas que aguardam a Alma ao deixar o Corpo.

- Como é na outra vida?... Diz-me tudo...

- Há algumas coisas que não podem ser reveladas, não porque Eu opte por não as dizer, mas porque na tua condição presente, ao teu Nível de Entendimento, serias incapaz de conceber o que te seria contado. Mesmo assim, há mais a dizer. Como já te disse, podes fazer uma de três coisas no que chamas "a outra Vida", tal como na Vida que agora Experiencias. Podes submeter-te às Criações dos teus Pensamentos Não Controlados, podes Criar a tua Experiência Consciente por opção, ou podes Experienciar a Consciência Colectiva de Tudo O Que É... Esta última chama-se Reunificação. Se seguirem a primeira parte de Caminho, a maior parte de vós não o fará por muito tempo. Isto porque no momento em que não gostem do que Experienciem, optarão por Criar uma Realidade Nova, e mais agradável, simplesmente impedindo os Pensamentos Negativos. Por isso, nunca Experienciarão o "Inferno" a menos que optem por o fazer. Mesmo nesse caso, serão felizes por estarem a conseguir o que querem... Assim, continuarão a Experienciá-lo até Escolherem deixarem de o fazer. Para a maior parte de vós, no próprio momento em que começarem a Experienciá-lo, afastar-se-ão dele e Criarão algo de novo. Se optarem pelo segundo Caminho, e Criarem Conscientemente a vossa Experiência, Experienciarão a Ida ao Céu, porque é isso que qualquer pessoa que Escolhe livremente, e que acredita no Céu, Criaria. Se não acreditam no Céu, Experienciarão seja o que for, que desejem experienciar - e no momento em que disso se aperceberem os vossos Desejos tornar-se-ão cada vez melhores. E então acreditarão no Céu. Se seguirem o terceiro Caminho, e se submeterem às Criações da Consciência Colectiva, chegarão rapidamente à Aceitação Total, à Paz Total, à Alegria Total, à Consciencialização Total, e ao Amor Total, pois essa é a Consciência do Colectivo. Tornar-se-ão Um Só e regressarão à Unidade, e nada mais haverá, excepto Aquilo Que São - que É Tudo O Que Alguma Vez Houve, até decidirem que deva haver mais alguma coisa. Esse é o Nirvana, a experiência de "Ser Um com a Unidade" - que muitos de vós já tiveram por breves momentos em Meditação, e que é um Êxtase Indescritível. Depois de experienciarem a Unidade por um Tempo Infinito - Tempo Nenhum, deixarão de a Experienciar, porque Não se Pode Experienciar a Unidade como Unidade a menos, e até, que O Que Não É Um também exista. Ao compreenderem isso, Criarão, mais uma vez, a Ideia e o Pensamento de Separação, ou Desunidade. Continuarão a andar na Roda Cómica, a viajar, a moverem-se em círculos, a Ser, para Todo o Sempre, e mais Além. Regressarão à Unidade muitas vezes - um número infinito de vezes e por um período infinito de cada vez - e saberão que possuem os instrumentos para voltarem à Unidade em qualquer ponto da Roda Cósmica. Podem fazê-lo agora, ao mesmo tempo que lêem isto. Podem fazê-lo amanhã na vossa Meditação. Podem fazê-lo em qualquer altura.

- E não temos de permanecer no Nível de Consciência em que estamos a morrer?...

- Não. Podem deslocar-se para outro tão depressa quanto Desejam. Ou levar tanto "Tempo" quanto queiram. Se "morrerem" num Estado de Perspectiva Limitada, e Pensamentos Não Controlados, Experienciarão seja o que for que esse Estado vos traga, até deixarem de o Querer. Então "Acordarão" - ficarão Conscientes - e começarão a Experienciar-se a Criar a vossa Realidade. Olharão para trás para a primeira etapa e chamarão Purgatório. A segunda, quando Podem Ter o que Quiserem à Velocidade do Pensamento, chamarão Céu. A terceira etapa, em que Experienciam o Êxtase da Unidade, chamarão Nirvana.

- Fala-me agora um pouco mais das Experiências Fora do Corpo...

- A Essência de Quem Tu És deixa simplesmente o Corpo Físico. Isso pode acontecer durante o Sonho Normal, muitas vezes na Meditação e, frequentemente, numa forma sublime quando o Corpo se encontra num Sono Profundo. Durante essa Viagem, a Alma Pode Ir Onde Quiser.

- Como é que as coisas nos podem ser Mostradas, ou Reveladas, durante uma Experiência dessas, se Criamos à medida que avançamos?... Parece-me que a única forma das coisas nos serem reveladas, seria se existissem separadas de nós, e não como parte da nossa Criação...

- Nada Existe Separado de Vós, e é tudo a Vossa Própria Criação. Mesmo a vossa falta de compreensão aparente é Criação vossa; é, literalmente, uma invenção da vossa Imaginação. Imaginam que não sabem a resposta a essa pergunta, portanto não sabem. Contudo, assim que imaginam que sabem, passam a saber. Permitem-se este tipo de Imaginação para que o Processo possa continuar.

- O Processo?...

- A Vida. O Eterno Processo. Nesses momentos em que te experiencias a ser-te "revelado" - quer sejam Experiências que chamam "sair do corpo", ou sonhos, ou momentos mágicos despertos em que és bafejado com uma clareza cristalina - o que acontece é que deslizaste simplesmente para a "relembrança". Estás a relembrar o que já Criaste. Depois de teres uma Experiência tão Magnífica, pode ser muito difícil voltar à "Vida Real" de uma forma que se adapte ao que as outras pessoas chamam de "Realidade". Isto porque a tua Realidade mudou. Tornou-se outra. Ampliou-se, cresceu. E não pode voltar a decrescer...

- É por isso que as pessoas que regressam de Experiências de "Sair do Corpo", ou de "Quase Morte", voltam muito diferentes...

- Exactamente... E são diferentes, porque sabem muito mais. Mas frequentemente quanto mais se afastam dessas Experiências, quanto mais tempo passa, mais regressam aos comportamentos antigos, porque se esqueceram do que sabem.

- Há alguma maneira de continuar a lembrar-se?...

- Sim. Age de acordo com o teu Conhecimento a cada Momento. Continua a agir de acordo com o que sabes, e não como o mundo de ilusão te mostra. Mantém isso, por muito enganadoras que as aparências sejam. Foi o que todos os Mestres fizeram, e fazem. Não *julgam as aparências, mas agem de acordo com o que sabem. Mas há outra forma de recordar.*

- Como?...

- Fazer com que o outro se lembre. O que desejas para ti, dá a outro. Quanto mais enviares essa Mensagem a outros, menos terás de a enviar ao teu Eu. Porque o teu Eu e o Eu de outrem são Um, e o que dás a outrem, dás a ti próprio. Um dia há-de vir em que falaremos como Um só. Esse dia há-de vir para toda a gente...

- Outra dúvida que tenho. Uma vez chegados a esse Estado de Unidade a que chamas de Nirvana - uma vez regressados à Origem - não ficamos lá?...

- Permanecer num Estado de Sublime Nada, ou Unidade com o Todo, tornaria impossível lá estar. Como acabei de explicar, O Que É Não Pode Ser, excepto no Espaço de O Que Não É. Mesmo o Êxtase Total da Unidade não pode ser experienciado como Êxtase Total a menos que exista Algo Inferior ao Êxtase Total. Portanto, Algo Inferior ao Êxtase Total da Unidade total, teve de ser criado - e tem de o ser continuamente...

- Mas quando estamos em Êxtase Total, quando nos fundimos mais uma vez com a Unidade, quando nos tornamos Tudo/Nada, como podemos sequer saber que existimos?...

- Estás a descrever aquilo que Eu chamo **Dilema Divino**. *É o Dilema que Deus sempre teve - e que Deus resolveu com a Criação do Que Não É Deus - (ou Que Pensava Que Não Era)... Deus deu - e dá a cada Instante - uma Parte de Si à Experiência Menor de não Se conhecer a Si, para que o Resto de Si possa conhecer-Se como Quem é, e O Que Realmente É... Assim "Deus deu o seu Único Filho para vossa Salvação". Estás agora a ver onde veio essa Mitologia?... Resumindo, estamos constantemente a viajar entre o Conhecimento e o Desconhecimento, e novamente para o Conhecimento, do Ser para o Não-Ser, e novamente para o Ser, da Unidade para a Separação, e novamente para a Unidade, num Ciclo Interminável. Esse é o Ciclo da Vida...*

- O que Tu designas por Roda Cósmica...

- Exactamente. Percebeste.

- Outra dúvida: Temos todos de regressar à estaca zero? Temos de recomeçar tudo desde

o Princípio?...

- Não tens de fazer Nada. Nem nessa Vida nem noutra. Poderás optar - terás sempre livre-arbítrio - por ir por onde quer que queiras, por fazer o que te apetecer, na tua Recriação da Experiência de Deus. Podes ir para qualquer lugar da Roda Cósmica. Podes "voltar" como qualquer coisa que Desejes, ou noutra Dimensão, Realidade, Sistema Solar ou Civilização que Escolhas. Alguns dos que alcançaram o lugar de União Total com o Divino, escolheram até voltar como Mestres Esclarecidos. E alguns eram Mestres Esclarecidos antes de partirem e que depois voltaram como eles próprios. Deves ter conhecimento de relatos de Gurus e Mestres que regressaram ao vosso mundo muitas vezes, manifestando-se em aparições repetidas ao longo de décadas e séculos. Vocês têm toda uma Religião baseada num relato desses. Chama-se **A Igreja de Jesus Cristo dos Santos dos Últimos Dias** e baseia-se no relato de **Joseph Smith** de que Jesus regressou à Terra muitos séculos depois da Sua aparente Partida Final, aparecendo desta vez nos Estados Unidos. Portanto, podes voltar a qualquer parte da Roda Cósmica que te agrade.

- Mas isso pode ser deprimente. Nunca chegamos a descansar?... Nunca chegamos ao Nirvana, para lá ficar?... Estamos para sempre condenados a este "ir e vir"?... Estamos permanentemente em viagem para sítio nenhum?...

- Essa é a Grande Verdade. Não há Lugar Nenhum para ir, Nada para Fazer, e Ninguém que Tenhas de Ser, excepto Quem És Neste Preciso Momento. A verdade é que não existe viagem. És, Neste Preciso Momento, o que Estás a Tentar Ser. Estás Neste Preciso Momento, Onde Estás a Tentar Ir. É Mestre quem sabe isto, e assim termina a luta... E então o Mestre procura ajudar-te a terminar a tua luta, tal como procurarás acabar com a luta de outros, quando alcançares a Mestria. Contudo esse Processo - esta Roda Cósmica - não é deprimente. É uma Reafirmação Gloriosa, e Contínua da Total Magnificência de Deus, e de toda a Vida - e não há nada de deprimente nisso.

- Explica melhor...

- Na Roda Cósmica todos os desfechos já existem. O Universo está apenas à espera de ver qual o que escolhes dessa vez. E quando termina o jogo, quer ganhes, quer percas, quer empates, o Universo dirá: **"Quer jogar outra vez?..."**. Todos os desfechos já existem, e o desfecho que Experiencias depende da Opção que Fizeres.

- Quero fazer agora perguntas completamente diferentes. O que é o Poder Psíquico?...

- É um Sexto Sentido. E todos vocês têm um Sexto Sentido acerca das coisas. O Poder Psíquico é simplesmente a tua capacidade de passar da tua Experiência Limitada para uma Perspectiva Mais Ampla. Dar um passo atrás. Sentir mais do que sentiria o Indivíduo Limitado que Imaginas que És, saber mais do que ele saberia. É a capacidade de ir buscar a Verdade Maior que te rodeia; É Ser Sensível a uma Energia Diferente.

- Como é que se desenvolve essa capacidade?...

- "Desenvolver" é uma boa palavra. É como os músculos. Todos vocês os têm. No entanto, uns optam por os desenvolver, enquanto que outros não são desenvolvidos e têm muito menos utilidade. Para desenvolver o teu "músculo" psíquico, tens de o exercitar. De o utilizar todos os dias, a todo o momento. Neste preciso momento, o músculo está lá mas é pequeno; é sub-utilizado. De vez em quando, surge-te uma Intuição, mas não actuas de acordo com ela. Tens um Pressentimento sobre qualquer coisa mas ignora-lo. Tens um Sonho, ou uma Inspiração, mas deixa-la passar, prestando-lhe pouca atenção. O primeiro passo no desenvolvimento do Poder Psíquico é saber que o tens e usá-lo. Presta atenção a todos os Pressentimentos que tenhas, todos os Sentimentos que sintas, todas as Intuições que experiencias. Presta bem atenção. E depois age de acordo com o que sabes. Não deixes que a tua Mente te convença do contrário. Não deixes que o teu Medo te faça afastar. Quanto mais agires por intuição sem Medo, mais a tua intuição te servirá.

- Como funciona esse Poder Psíquico?... Se um Médium me prevê o Futuro, posso mudá-lo ou o meu Futuro já está gravado?...

- Existem 3 regras nos Fenómenos Psíquicos que te farão perceber como funciona, a saber:

1º - Todo o Pensamento é Energia.

2º - Todas as Coisas estão em Movimento.

3º - Todo o Tempo é Agora.

- Os Médiuns são pessoas que se abriram às Experiências produzidas por esses Fenómenos: Vibrações. Por vezes formada por Imagens Mentais. Outras em Pensamento sob a forma de uma Palavra. O Médium tornou-se perito em sentir essas Energias. Pode não ser fácil de início, porque essas Energias são muito ligeiras, muito ténues, muito subtis, como a mais ligeira brisa de uma noite de Verão que sentiste roçar-te o cabelo, mas talvez não tenha sido. Como o som mais ténue à distância que pensas ter ouvido, mas não tens a certeza. Como o perpassar de uma imagem pelo canto do olho, que jurarias que estava lá mas que, ao olhares de frente, já não estava. Desapareceu. Estava lá mesmo?... Essa é a pergunta que o Médium Iniciado faz constantemente. O Médium Habilitado nunca o faz, porque fazer a Pergunta afasta a Resposta. Fazer a Pergunta ocupa a Mente, e isso é a última coisa que o Médium pretende. A Intuição não reside na Mente. Para seres Médium, tens de estar "fora da Mente". Porque a Intuição reside na Psique. Na Alma. A Intuição é o ouvido da Alma. A Alma é o único instrumento suficientemente sensível para "apanhar" as mais ténues Vibrações da Vida, para "sentir" essas Energias, para se aperceber dessas ondas no Campo Magnético, e para as interpretar. Tu tens 6 sentidos e não 5, que são o Olfacto, o Paladar, o Tacto, a Visão, a Audição e o... Conhecimento. Porque o Poder Psíquico funciona assim. Sempre que tens um Pensamento, ele emite Energia. É energia. A Alma do Médium apanha essa Energia. O verdadeiro Médium não pára para a interpretar, mas simplesmente limita-se a deixar escapar como sente essa Energia. É assim que um Médium consegue dizer-te o que estás a pensar. Todos os Sentimentos que alguma vez tiveste, residem na tua Alma. A tua Alma é a soma total de todos os teus Sentimentos. É o repositório. Mesmo tendo passado muitos anos desde que lá os guardaste, um Médium verdadeiramente aberto consegue "Sentir" esses "Sentimentos" Aqui e Agora. E isso porque o Tempo não existe. Tudo acontece Aqui e Agora.

- Continua...

- É assim que o Médium te consegue dizer coisas sobre o teu "Passado". O "Amanhã" também não existe. Todas as coisas estão a acontecer Agora Mesmo. Cada ocorrência emite uma Onda de Energia, imprime uma Imagem Indelével na Chapa Cósmica. O Médium "Vê", ou "Sente", a imagem de "Amanhã" como se estivesse a acontecer Agora Mesmo - e está. É assim que alguns Médiuns predizem o "Futuro". O Médium, pelo Acto de Concentração Intensa emite uma verdadeira Componente Sub-Molecular de Si Próprio. O seu Pensamento, se quiseres, deixa o Corpo, dispara através do Espaço e vai suficientemente longe, e suficientemente depressa, para se conseguir virar e "Ver" à distância o "Agora" que tu ainda não experienciaste.

- Uau... Viagem no Tempo Sub-Molecular. Continua, continua...

- A Parte Sub-Molecular do Médium, depois de absorver a Energia da Imagem obtida na concentração, dispara de regresso ao Corpo do Médium, trazendo consigo a Energia. O Médium "recebe uma Imagem", ou "tem uma Sensação", e tenta a todo o custo, não fazer o "processamento dos dados", mas descreve-os apenas, simples e instantaneamente. O Médium aprendeu a não questionar o que "Pensa", "Vê" ou "Sente", subitamente, mas a limitar-se "deixá-lo vir ao de cima", sem lhe tocar tanto quanto possível. Semanas mais tarde, se o Acontecimento Imaginado, ou Sentido, ocorre, o Médium é considerado Clarividente.

- Sendo assim, como é que algumas Previsões estão erradas e nunca acontecem?...

- Porque o Médium não "previu o Futuro", apenas deixou entrever uma Imagem Breve, uma das "Possibilidades Possíveis". Como já expliquei várias vezes, tudo já aconteceu, de milhões de maneiras diferentes. Vocês só têm de fazer Opções de Percepção. É tudo uma questão de Percepção. Quando mudas de Percepção, mudas de Pensamento, e o teu Pensamento Cria a tua Realidade. Qualquer que seja o desfecho que possas esperar em qualquer situação, já lá está. Só tens de te aperceber dele. Conhecê-lo. É isso que significa **"Antes de terdes perguntado, ter-vos-ei respondido."**. Na verdade, as vossas Orações são atendidas antes de serem oferecidas.

- Então, porque não recebemos tudo o que pedimos em Oração?...

- Não se recebe Sempre o que se Pede, mas recebe-se Sempre o que se Cria. A Criação *segue-se ao Pensamento, que segue a Percepção.*

- Mas se Tudo está a acontecer Agora, o que determina a Parte que Experiencio no meu "Momento de Agora"?...

- As tuas Opções e a tua Convicção das tuas Opções. Essa Convicção é Criada pelos teus Pensamentos sobre um determinado assunto, e esses Pensamentos emergem de Percepções - ou seja, de como "vês as coisas". Assim, o Médium vê a Opção que agora fazes em relação a "Amanhã". E vê-a a realizar-se. Mas um Médium verdadeiro dir-te-á sempre que não tem de ser assim. Podes escolher outra vez, e alterar o desfecho.

-Mas assim, estaria a alterar a Experiência que tinha tido.

- Exactamente.

- Mas se já aconteceu, a quem aconteceu?... E se eu mudar, quem é o "Eu" que experiencia a mudança?...

- Há mais do que um Tu a deslocar-se na Linha do Tempo.

- Sim, isso já eu sei. Já me explicaste. Quero acabar o raciocínio dos Médiuns. Como distinguir os Verdadeiros dos Falsos?...

- Toda a gente é Médium, portanto são todos Verdadeiros. O que tens de procurar é o seu objectivo. Procuram ajudar-te ou enriquecer-se a eles próprios?... Os que procuram enriquecer, prometem muitas vezes fazer coisas com o seu Poder Psíquico -"fazer voltar a pessoa amada", "trazer fama e fortuna", e até "ajudar-te a perder peso". Fazem mesmo "leituras" a outras pessoas, e dizem-te tudo sobre elas. Dizem: "Tragam-me qualquer coisa, um lenço, uma fotografia, uma amostra de caligrafia.". E conseguem dizer-te coisas sobre os outros. Porque toda a gente deixa um vestígio, uma "Impressão Digital Psíquica", um rasto de Energia. E um verdadeiro Sensitivo consegue senti-lo. Mas um Intuitivo sincero não se oferece para fazer com que outra pessoa volte para ti, ou para conseguir que uma pessoa mude de ideias, ou para criar um resultado qualquer com o seu Poder Psíquico. Um verdadeiro médium, alguém que dedica a sua Vida ao desenvolvimento e utilização desse Dom, sabe que não se deve interferir com o livre- arbítrio de outrem, nunca se deve invadir o Pensamento de outrem, e que o Espaço Psíquico de outra pessoa nunca deve ser violado.

- Mudemos de assunto... A Comunicação com Espíritos é possível?... Mesmo sem um Médium?...

- Sim, é possível. Os entes queridos nunca estão longe de ti; nunca a uma distância superior a um Pensamento, e lá estarão sempre que precisares, prontos a aconselhar e a confortar-te. Se da tua parte existir um nível de tensão elevado quanto a um ente querido estar bem, enviar-te-ão um sinal, uma pequena mensagem para que saibas que está tudo bem. Nem sequer terás de as chamar, porque as Almas que te amaram nesta Vida, são atraídas por ti, puxadas por ti, voam para ti no momento em que pressentem o menor problema, ou perturbação, no teu Campo Áurico. Uma das primeiras oportunidades que têm, quando aprendem as possibilidades da sua Nova Existência, é o levar ajuda e conforto a quem amam. E sentirás a sua Presença reconfortante se estiveres verdadeiramente aberto a eles.

- Então quando alguém afirma que um ente querido falecido apareceu na sala ou no quarto, esse alguém está a dizer a verdade?...

- Sem dúvida!... Pode sentir-se o cheiro do perfume ou o cheiro do tabaco que fumavam, ou ouvir vagamente uma canção que costumava cantar. Ou, vindo não se sabe donde, pode aparecer, de repente, um objecto pessoal. Essas coisas não acontecem simplesmente. Este tipo de coisas não acontecem no momento exacto por acaso. Não há Coincidências no Universo. Se precisas dum Médium para esse tipo de contacto?... Não! Pode ser útil?... Às vezes. Depende muito do Médium e da sua motivação. Se algum Médium se recusar a fazer uma Canalização sem ser em troca de dinheiro, afastem-se dele. Um Médium que só lá esteja para ajudar, nada pede para si excepto o que é necessário para continuar a fazer o trabalho que procura fazer. Se um Médium tem essa atitude quando concorda em vos ajudar, certifiquem-se de que lhe retribuem, oferecendo- lhe toda a ajuda que possam. Não se aproveitem de uma tão extraordinária Generosidade de Espírito dando pouco, ou nada, quando sabem que podiam fazer mais. Procurem ver quem serve verdadeiramente o mundo, quem procura verdadeiramente partilhar Sabedoria e Conhecimento, Perspicácia, Compreensão e Afecto. Dêem a essas pessoas, e dêem em abundância. Mostrem-lhes o máximo Respeito. Dêem-lhes a maior quantidade. Porque esses são os Portadores da Luz.

- Outra coisa muito debatida hoje em dia. A Reencarnação... Muitas Religiões dizem que a Reencarnação é uma Falsa Doutrina.

- Isso não é verdade. As Religiões são baseadas no Medo, cujos Ensinamentos andam à roda da Doutrina dum Deus que deve ser adorado e temido. As pessoas acreditarão sempre no Inferno e num Deus que as manda para lá, enquanto acreditarem que Deus é como o Homem - impiedoso, intolerante e vingativo. Antigamente, a maior parte das pessoas não conseguia imaginar um Deus que estivesse acima de tudo isso. Por isso aceitaram os Ensinamentos de muitas Igrejas de temer a "terrível vingança do Senhor". Era como se as pessoas não acreditassem ser capazes de ser boas por si próprias, pelas suas próprias razões. Assim tiveram de criar uma religião que ensinava a doutrina de um Deus colérico e retribuidor para se manterem na ordem. Ora, a ideia da Reencarnação veio baralhar isso tudo.

- Como?... Porque a doutrina da Reencarnação se tornou tão ameaçadora?...

- A Igreja defendia que convinha ser bom, senão - e apareceram os Reencarnacionistas a dizer: **"Vão ter outra oportunidade depois desta, e outra depois dessa. E ainda outras. Portanto, não se preocupem. Façam o melhor que puderem. Não fiquem paralisados de Medo a ponto de não se poderem mexer. Prometam a vós próprios fazer o melhor. E continuem em frente.-- "**. *Naturalmente, a Igreja nem queria ouvir falar em tal coisa. Portanto, fez duas coisas. Primeiro, declarou a Teoria da Reencarnação como heresia. Depois, criou o Sacramento da Confissão. A Confissão faria pelos fiéis o que a Reencarnação prometia. Ou seja, dava-lhes outra oportunidade. Assim, ficou estabelecido que Deus castigava as pessoas pelos seus pecados, a menos que os confessassem.*

- Nesse caso, sentiam-se seguras, sabendo que Deus tinha ouvido a Confissão e lhes tinha perdoado, certo?...

- Sim, mas havia uma cilada. Essa Absolvição não podia vir directamente de Deus. Tinha de passar através da Igreja, cujos padres prenunciavam penitências que tinham de ser executadas. Normalmente eram orações que o pecador tinha de fazer. Assim, havia duas razões para continuar a ser um membro. A Igreja percebeu que a Confissão era um trunfo

tão bom, que em breve declarou ser pecado não ir à Confissão. Toda a gente tinha de o fazer, pelo menos, uma vez por ano. Se não o fizessem, Deus teria outra razão para se encolerizar. A Igreja começou a promulgar cada vez mais regras, cada uma das quais tendo por trás o Poder da Eterna Condenação de Deus, a menos que o erro fosse confessado. Então, a pessoa era perdoada por Deus e evitava a Condenação. Mas havia agora outro problema. As pessoas imaginaram que isso queria dizer que podiam fazer qualquer coisa, desde que a confessassem. A Igreja estava em apuros. O Medo tinha abandonado os corações das pessoas. A frequência e a adesão à Igreja caíram. As pessoas iam confessar-se uma vez por ano, diziam a penitência, eram absolvidas dos seus pecados, e continuavam a viver as suas vidas. Não existiam dúvidas. Tinha de se encontrar um meio de incutir o Medo, de novo, nos corações das pessoas. Foi então inventado o Purgatório.

- Sabia que era invenção. A palavra "Purgatório" nem aparece na Bíblia...

- Exactamente. Eu explico... O Purgatório era descrito como um lugar semelhante ao inferno, mas não era Eterno. Esta Nova Doutrina afirmava que Deus vos fazia sofrer pelos vossos pecados mesmo que os confessassem. Segundo a Doutrina, Deus declarava uma determinada quantidade de sofrimento para cada Alma não perfeita, com base no número e tipo de pecados cometidos. Havia pecados "Mortais" e "Veniais". Os Pecados Mortais faziam-vos ir directamente para o Inferno se não fossem confessados antes da Morte. A frequência da igreja subiu em flecha. As colectas também aumentaram, especialmente as contribuições - porque a Doutrina do Purgatório também incluía uma modalidade em que se podia comprar a forma de evitar o sofrimento.

- Não percebi...

- De acordo com o ensinamento da Igreja, podia receber-se uma Indulgência Especial, mas, mais uma vez, não directamente de Deus, mas sim através da Igreja. Essas Indulgências Especiais livravam as pessoas do sofrimento no Purgatório que tinham adquirido com os pecados.

- Uma espécie de redução de pena por bom comportamento?...

- Mas é claro que essas suspensões eram concedidas a muito poucos. Geralmente àqueles *que davam avultadas contribuições à Igreja. Por uma soma elevada, podia obter-se uma Indulgência Plenária. Isso significava nenhum tempo no Purgatório. Ia-se directo para o Céu.*

- E os pobres como se safavam?...

- Os pobres não tinham qualquer hipótese de obter uma Indulgência Episcopal. Não tinham dinheiro para isso. E assim o povo perdeu a fé no Sistema, e a frequência da Igreja começou a ameaçar nova queda.

- E o que fez a igreja?...

- Introduziram as Velas de Novena. As pessoas acendiam uma Vela de Novena pelas Almas do Purgatório, abatendo-se assim anos à sentença dos falecidos, fazendo-os sair do Purgatório. Olha a hipocrisia. Não podiam fazer nada por elas próprias, mas podiam fazer algo pelos que já tinham partido. Como se pode ser tão ignorante ao ponto de acreditar nisso?... Já viste o que o Medo faz às pessoas?...

- Estou a ver. Daí que a igreja condenasse a Reencarnação por completo. Impôs o Medo para controlar o povo. Já dizia o outro: **"A Religião é o ópio do povo."** *...*

- Claro. Mas quando Eu vos criei, não vos criei para que vivessem uma Vida, cometessem os erros que inevitavelmente iriam cometer, e no fim esperar que tudo se resolvesse pelo melhor. Ao contrário do que se diz por aí, e segundo a Religião vos fez acreditar, Eu não trabalho de formas insondáveis. Tudo o que faço tem uma razão de ser e é perfeitamente claro. A Reencarnação adapta-se perfeitamente a esse Propósito, que é para que Eu crie, e experiencie, Quem Eu Sou através de Vós, Vida após vida, e através de milhões de outras Criaturas Conscientes que coloquei no Universo.

- Então sempre há mais vida no Universo?...

- Claro que sim. Acreditam realmente que estão sós nesse Universo gigantesco?... Aliás, já te tinha falado sobre isso, mas isso é um tópico a que voltaremos mais tarde.

- Prometes?...

- Prometo. Nunca te esqueças que o teu Propósito enquanto Alma é experienciar-te como o Todo. Estamos a evoluir. Estamos a tornar-nos. A tornar-nos o quê?... Não sabemos. Não

podemos saber até chegarmos lá. Mas para nós, a Jornada é a Alegria. E assim que lá chegarmos, assim que Criarmos a Ideia Seguinte Mais Sublime de Quem Nós Somos, Criaremos um Pensamento Mais Grandioso, uma Ideia Mais Elevada, e Criaremos a Alegria Para sempre. Acompanhaste?...

- Sim. Continua...

*- O Motivo, e o Propósito da tua Vida, é decidir Ser Quem Realmente És. Estás a fazê-lo todos os dias. Em cada Acção, cada Pensamento, cada Palavra. É isso que estás a fazer. No grau que isso te agradar, nesse grau irás conservar, mais ou menos, a Criação, fazendo apenas alguns ajustes aqui e ali, para a aproximar cada vez mais da Perfeição. O **Paramaharsa Yogananda** é o exemplo duma pessoa que estava muito próxima da Perfeição como retrato do que pensava de Si Própria. Ele tinha uma Ideia Muito Clara sobre Si Próprio e sobre Sua Relação Comigo, e utilizou a Sua Vida para o retratar. Queria Experienciar a Sua Ideia sobre Si Próprio na Sua Própria Realidade. **Babe Ruth** fez a mesma coisa. Não há muitas pessoas que vivam a esse Nível. É evidente que o **Mestre Paramaharsa** e **Babe Ruth** tinham Ideias completamente diferentes sobre Si Próprios, no entanto viveram-nas Magnificamente. Ambos tinham também Ideias diferentes em relação a Mim, e provinham de Níveis de Consciência diferentes sobre Quem Eu Sou, e quanto à sua Verdadeira Relação Comigo. E esses Níveis de Consciências reflectiam-se nos seus Pensamentos, Palavras e Obras. Um esteve num Lugar de Paz e Serenidade a maior parte da Sua Vida, e levou profunda Paz e Serenidade aos outros. O outro estava num Lugar de Ansiedade, Agitação e Ira Ocasional - (especialmente quando não lhe faziam a vontade) - e levou Agitação à Vida dos que o rodeavam. No entanto, ambos tinham bom coração, e a diferença entre os dois é que um não tinha virtualmente nada em termos de aquisições físicas, e nunca quis mais do que o que tinha, enquanto que o outro tinha tudo, e nunca teve o que realmente queria. Se isso tivesse sido o fim para **George Herman**, suponho que nos sentiríamos um pouco tristes por isso, mas a Alma que encarnou como **Babe Ruth** está longe de terminar esse processo, chamado Evolução. Teve oportunidade de rever as Experiências que produziu para Si Própria, bem como as Experiências que produziu para os*

outros, e agora pode decidir o que Quer Experienciar a seguir, enquanto procura Criar-se, e Recriar-se, em Versões cada vez Mais Grandiosas. Ambas essas Almas já fizeram a Escolha Seguinte em relação ao que querem Agora Experienciar e, de facto, estão ambas a Experienciá-lo.

- Quer dizer que ambas reencarnaram noutros Corpos?...

- Seria um erro assumir que a Reencarnação era a única Opção que se lhes oferecia.

- Quais são as outras Opções?...

- Há muitas Almas que sentem que há muito mais que gostariam de saber e, portanto, encontram-se a frequentar uma "Escola", enquanto que outras - as que se chamam "Velhas Almas" - as ensinam. E o que lhes ensinam?... Que não têm nada a aprender. Que nunca tiveram nada a aprender. Que tudo o que tinham a fazer era relembrar realmente Quem e O Que Realmente São. Ensinam-lhes que a Experiência de Quem Elas São é ganha nessa vivência; em sê-lo. Recordam-lhes isso mostrando-lhes gentilmente. Outras Almas já o relembraram na altura em que chegam - ou pouco depois de chegarem ao "outro lado". Essas Almas podem procurar a Alegria Imediata de se Experienciarem Como Desejam ser. Podem escolher entre os Meus Intermináveis Aspectos e optar por os Experienciarem, Ali Mesmo e Nesse Momento. Alguns podem regressar à forma física para o fazer.

- Qualquer forma física?...

- Sim. Até como Animal, se quiser. Mas a verdadeira questão é: Voltaria?... Provavelmente, não.

- Os Animais têm Alma?...

- Qualquer pessoa que tenha olhado um Animal bem nos olhos sabe a resposta...

- Então como é que eu sei que não é minha Mãe que voltou na forma do meu gato, por exemplo?...

- O Processo que estamos aqui a discutir é a evolução. Auto-Criação e Evolução. E a Evolução segue num só sentido. Para cima. Sempre para cima. O Maior Desejo da Alma é Experienciar Aspectos cada vez Mais Elevados de Si Própria. E assim procura subir, e não descer, na Escada da Evolução, até Experienciar o chamado Nirvana, a Unidade Total com o Todo, ou seja, Comigo.

- Mas se a Alma deseja Experiências cada vez Mais Elevadas de Si, porque se daria ao trabalho de regressar como Ser Humano?... Isso é subir?...

- Se a Alma regressa sob a forma humana, é sempre num esforço de Experienciar Mais Além, e portanto de evoluir mais longe. Há muitos Níveis de Evolução observáveis e demonstrados em humanos. Pode-se voltar por muitas Vidas - muitas centenas de Vidas - e continuar a evoluir no sentido ascendente. No entanto o Movimento Ascendente, o Maior desejo da Alma, não é conseguido voltando para uma forma de Vida Inferior. Portanto, esse regresso não acontece. Até a Alma alcançar a União Derradeira com Tudo O Que É.

- Então isso significa que há Novas Almas a entrar no Sistema todos os dias, assumindo formas de Vida inferiores?

- Não. Toda a Alma alguma vez Criada foi Criada Imediatamente. Estamos Todos Aqui Agora. Mas como já te expliquei antes, quando uma Alma - (uma parte de Mim) – alcança a Suprema Realização, tem a opção de "Recomeçar", de literalmente "Esquecer Tudo", para se poder Lembrar de Novo, e Recriar-se outra vez. Dessa forma, Eu continuo a Re-Experienciar- Me. As Almas podem optar por se "Reciclar" através de uma determinada Forma de Vida, num determinado Nível, tantas vezes quantas queiram. Sem a Reencarnação - sem a capacidade de regressar à forma física - a Alma teria de Realizar Tudo o que Procura Realizar Numa Só Vida, que é um bilião de vezes mais curta que o abrir e fechar de olhos no Relógio Cósmico. Portanto, claro que sim, a Reencarnação é um facto. É Real, tem um Propósito, e é Perfeita.

- Agora estou confuso. Disseste que o Tempo não existe, que todas as coisas estão a acontecer neste preciso Momento. E que também existimos todo o Tempo em Níveis diferentes, ou em diversos pontos do Continuum Espaço/Tempo. Pois aqui é que tudo se baralha. Se um dos "Eus" no Continuum Espaço/Tempo "morre", e depois volta como outra pessoa então quem sou eu?... Teria de existir como duas pessoas ao mesmo tempo. E se continuasse a fazer isso por toda a Eternidade, como Tu dizes que faço, então sou centenas de pessoas ao mesmo tempo. Milhões de versões de milhões de pessoas num *milhão de pontos no Continuum Espaço/Tempo.*

- Exactamente.

- Não percebi. Minha Mente não consegue alcançar isso...

- Na verdade, portaste-te muito bem. Isso é um Conceito Muito Elevado e tu estás quase a percebê-lo...

- Mas se isso é verdade, então "Eu"- a parte de mim que é imortal - devo estar a evoluir de um bilião de maneiras diferentes da Roda Cósmica, no Momento Eterno de Agora.

- Acertaste. É exactamente o que Eu, Deus, estou a fazer.

- Não foi isso que eu disse...

- Eu sei o que disseste. Disseste apenas o que Eu disse que disseste. A confusão é que continuas a pensar que há mais do que Um de Nós aqui.

- Não há?...

- Nunca houve mais do que Um de Nós aqui. Nunca. Só agora é que estás a descobrir isso?...

- Então estou a falar comigo próprio?...

- Mais ou menos isso.

- Quer dizer que essa Voz não é Deus, mas sim produto da minha Mente?...

- Não foi isso que Eu disse.

- Então não és Deus?...

- Sim.

- Mas se Tu és Deus, e se Tu és eu, então eu sou Deus também?...

- Vós Todos são Deus.

- Mas não sou apenas Deus. Também sou todas as outras pessoas.

- Sim.

- Isso quer dizer que mais ninguém, nem nada mais, existe além de mim?...

*- Eu não disse: **"Eu e o Meu Pai Somos Um?"**...*

- Sim, mas...

*- Eu não disse: **"Nós Todos Somos Um?"**...*

- Mas não sabia que era literalmente o que Tu querias dizer. Pensei que era no sentido figurado. Pensei que era mais uma afirmação filosófica e não uma constatação.

- É uma constatação. Somos Todos Um. É isso que significa " **O que fizerdes aos mais pequeninos, tê-lo-ás feito a Mim**". Percebes agora?...

- Sim. Até que enfim... Desculpa a pergunta, mas quando estou com a minha namorada, sinto-me separado dela, ela é outra pessoa que não "Eu"...

- A Consciência é uma coisa maravilhosa. Pode ser dividida em milhões de pedaços. Eu dividi-me num número infinito de pedaços, de forma a que cada Pedaço de Mim pudesse olhar para Si Próprio e contemplar a Maravilha de Quem e de O Que Eu Sou.

- Mas porque temos de passar por este período de esquecimento? Eu ainda não acredito totalmente. Ainda estou suspenso no esquecimento.

- Não sejas tão severo com o teu Eu. Isso faz parte do Processo. Está certo que assim aconteça.

- Então porque me estás a dizer isso só agora?...

- Porque estavas a começar a não te divertires. A tua Vida estava a deixar de ser uma Alegria. Começavas a ficar de tal modo apanhado no Processo que te esqueceste que era só um Processo. Por isso, chamaste por Mim... Pediste-me para vir até Ti... Para te ajudar a entender, para te mostrar a Verdade Divina, para te revelar o Maior Segredo. O Segredo que ocultaste a ti próprio. O segredo de Quem Tu És. Agora, já o fiz. Foste levado a relembrar. Terá influência?... Mudará a tua maneira de agir amanhã?... Far-te-á ver as coisas de forma diferente esta noite?... Curarás os males dos feridos, acalmarás as Ansiedades dos Temerosos, preencherás as Necessidades dos Empobrecidos, celebrarás a Magnificência dos Sobredotados, e verás a Visão de Mim por toda a parte?... Esta última Recordação da Verdade mudará a tua Vida, e permitir-te-á mudar as Vidas dos outros?... Ou regressarás ao Esquecimento, cairás de novo no Egoísmo, revisitarás, e residirás, novamente na pequenez de que imaginavas que eras antes deste Despertar?... Qual deles será?...

- Estou fazendo o meu melhor para evoluir em todos os Aspectos e estou tentando despertar *outros.*

- Eu sei que sim. Por isso escreves esse livro.

- Claro. Outra pergunta: A Vida não tem Fim, certo?...

- Certo.

- A Reencarnação é um facto?...

- É. Podem voltar à forma mortal, ou seja, uma forma física que pode "morrer" e voltar sempre, e quando, quiserem.

- Nós é que decidimos quando queremos voltar?...

- Sim. Escolhem "se" e "quando" querem.

- Também, escolhemos quando queremos partir, quando queremos "morrer"?...

- Nenhuma Experiência recai sobre nenhuma Alma contra a Sua Vontade. Isso, por definição, não é possível, já que a Alma Cria cada Experiência. A Alma nada quer. A Alma tem tudo. Toda a Sabedoria, Todo o Conhecimento, Todo o Poder, Toda a Glória. A Alma é a parte de vós que nunca dorme. Nunca esquece. A Alma não deseja que o Corpo morra. O Corpo muda de Forma, deixando para trás a Maior Parte de Matéria Corporal de um momento para o outro quando deixa de ver utilidade em permanecer sob essa Forma.

- Se esse é o Desejo da Alma, porque morremos?...

- Não morrem. Apenas mudam de forma.

- Mas se é Desejo da Alma que nunca o façamos, porque o fazemos?...

- Não é o Desejo da Alma. És um Mutante de Forma. Quando deixa de haver utilidade em permanecer sob determinada Forma, a Alma muda de Forma propositada, voluntária, e alegremente - e avança na Roda Cósmica.

- Alegremente?

- Sim. Com grande Alegria.

- Nenhuma Alma morre com pesar?...

- Nenhuma Alma morre. Nunca.

- A Alma nunca lamenta que a actual Forma Física mude, que esteja prestes a morrer?...

- O Corpo nunca morre, mas limita-se a mudar de Forma com a Alma. Mas Eu compreendo

o que queres dizer. Se tiveres um Entendimento Preciso do que queres Criar em relação ao que escolheste chamar "a outra vida", ou se tens um conjunto de convicções claras que sustentam uma Experiência após a morte de reunião com Deus, então não, a Alma nunca, jamais lamentará aquilo a que chamas Morte. A Morte, nesse caso, é um Momento Glorioso, uma Experiência Maravilhosa. A Alma pode então voltar à sua Forma Natural, ao seu Estado Normal. Há uma Leveza incrível. Uma sensação de Liberdade Total. E uma sensação de não haver limites. É a Consciência da Unidade, simultaneamente Estática e Sublime. Não é possível a Alma lamentar tal Mudança.

- Então a Morte é uma Experiência Feliz?...

- Para a Alma que quer que assim seja, sim, sempre.

- Mas se a Alma quer assim tanto estar Fora do Corpo, porque não o deixa simplesmente?... Porque fica a pairar em volta?...

- Eu não disse que a Alma quer estar Fora do Corpo, disse que a Alma sente Alegria quando está Fora. São duas coisas diferentes. A Alma não se sente infeliz quando está com o Corpo. Muito pelo contrário, agrada à Alma Ser Tu na Tua Forma Presente. Isso não exclui a possibilidade da Alma ficar igualmente satisfeita ao desligar-se dele.

- Não tenho dúvidas de que há muita coisa sobre a Morte que eu não compreendo.

- Sim, e é porque não gostas de pensar nisso. No entanto, tens de contemplar a Morte e a perda no instante em que te apercebes de qualquer momento da Vida, ou não te terás apercebido nada da Vida, e apenas conheces dela a metade. Cada Momento termina no Instante em que começa, se não conseguires ver isso, não conseguirás ver o que ele tem de raro, e considerarás o Momento Vulgar. Cada interacção começa a acabar no Instante em que começa a iniciar-se. Só quando isto é verdadeiramente contemplado, e profundamente entendido, se encontra aberto para Ti todo o Tesouro de cada Momento e da própria Vida. A Vida não se te pode dar se não compreenderes a Morte. Tens que fazer mais do que compreender. Tens que a Amar, tal como Amas a Vida. O teu tempo com cada pessoa seria glorificado se pensasses que era o teu último tempo com essa pessoa. A tua Experiência de cada Momento seria desmesuradamente ampliada se pensasses que era o último momento

*dele. A tua recusa em contemplares a Tua Própria Morte leva à tua recusa em contemplares a Tua Própria Vida. Não a vês como ela é. Perdes o Momento, e tudo o que este tem para Ti. Contemplar profundamente uma coisa é ver através dela. Então, a Ilusão deixa de existir. Então vês a coisa tal e qual ela é. Só então podes gozá-la verdadeiramente. Assim, até podes gozar a Ilusão. Porque saberás que é uma Ilusão, e isso é metade do gozo. É o facto de pensares que é Real, que provoca a Dor. Nada é doloroso quando se compreende que não é Real. É como um filme, um drama, encenado no Palco da tua Mente. És Tu que Crias a situação e os personagens. És tu quem escreve o Guião. Nada é doloroso quando se compreende que nada é real. Isto é tão verdade em relação à Morte como em relação à Vida. Quando compreenderem que a Morte também é uma Ilusão podem dizer: **"Oh, Morte, onde está o teu ferrão?"**. Podem até desfrutar a Morte. Podem até desfrutar a Morte de outrem. Se isso te parecer estranho, não compreendeste nem a Morte nem a Vida. A Morte nunca é um Fim, é sempre um Princípio. A Morte é uma Porta que se abre, não uma Porta que se fecha. Quando compreenderes que a Vida é Eterna, compreenderás que a Morte é uma Ilusão tua, que te mantém muito preocupado com o teu Corpo, contribuindo para que tu acredites que tu és o teu Corpo. Mas Tu não és o teu Corpo, e portanto a destruição do Teu Corpo não te diz respeito. A Morte devia ensinar-te que o que é Real é a Vida. E a Vida te ensina que o que é inevitável não é a Morte, mas a Impermanência. A Impermanência é a Única Verdade. Nada é permanente. Tudo muda. A Todo o Instante. A cada Momento. Se houvesse alguma coisa permanente, não podia ser, Pois mesmo o próprio Conceito da Permanência depende da Impermanência para ter significado. Portanto, até a Permanência é Impermanente. Olha para isto em Profundidade. Contempla esta Verdade. Compreende-a e compreenderás Deus. Este é o Darma, e este é o Buda. É o Buda Darma. É o Ensinamento e o Professor. É a Lição e o Mestre. É o Objecto e o Observador, enrolados num só. Nunca foram outra coisa, senão Um. Foste u que os desenrolaste, para que a tua Vida se desenrole perante Ti. Mas, à medida que bservas a tua Vida a desenrolar-se diante de Ti, não te deixes desenrolar. Mantém o teu Eu inteiro. Vê a Ilusão. Goza-a! Mas não te transformes nela. Tu não és a Ilusão, és o Seu Criador. Tu estás nesse mundo, mas não és dele. Utiliza pois a tua*

Ilusão de Morte. Utiliza-a. Permite que seja a chave que te abra para mais Vida. Vê a flor a morrer e vê-la-ás com tristeza, mas vê a flor como parte de uma árvore inteira que está a mudar, e que em breve dará fruto, e verás a Verdade na beleza da flor. Quando perceberes que o desabrochar e a queda da flor são sinal de que a árvore está prestes a dar fruto, então compreenderás a Vida. Olha cuidadosamente para isto e verás que a Vida é a Metáfora de Si Própria. Lembra-te sempre que não és a flor, nem sequer és o fruto. Tu és a Árvore e as tuas raízes são fundas, enraizadas em Mim. Eu Sou o Solo donde brotaste, e tanto os teus rebentos como os teus frutos, voltarão a Mim, Criando um Solo mais rico. Assim, a Vida gera Vida, e não pode nunca conhecer a Morte.

- Lindo. Obrigado. Fala-me agora de uma coisa que me incomoda muito: O suicídio. Diz na Bíblia que Tu não perdoas quem se mata. Será assim? Não és um Deus de Amor?....

- Porque existe esse tabu enorme contra o pôr termo à Vida?... É errado alguém matar-se?...

- A resposta não pode satisfazer-te porque a própria pergunta contém dois Contextos Falsos; baseia-se em dois falsos pressupostos, contém dois erros. O primeiro falso pressuposto é que existe "certo" e "errado". O segundo falso pressuposto é que seja possível matar. A tua pergunta, portanto, desintegra-se no Momento em que é dissecada. "Certo" e "errado" são Polaridades Filosóficas num Sistema de Valores Humanos que nada tem a ver com a Suprema Realidade. Além disso, nem sequer são interpretações constantes no vosso próprio Sistema, mas antes Valores que se alteram de tempos a tempos. Vocês fazem a alteração, mudam de ideias sobre esses valores conforme vos convém - (como devem, sendo Seres em Evolução) - mas insistem em cada passo do Caminho que não o fizeram, e que são os vossos Valores imutáveis que formam o âmago da integridade da vossa Sociedade. Construíram assim, a vossa Sociedade sobre um paradoxo. Estão sempre a mudar de Valores, proclamando que são os Valores imutáveis que vocês valorizam. A resposta aos problemas que este paradoxo apresenta não é deitar água na areia na tentativa de a transformar em cimento, mas celebrar a alteração da areia. Celebrar a sua beleza enquanto conserva a forma do vosso castelo, mas também celebrar a nova forma que assume quando sobe a maré. Celebrem as areias que se movem ao formarem as novas

montanhas que irão subir, e no cimo das quais - e com as quais - construirão os vossos novos castelos. Compreendam, contudo que essas montanhas e esses castelos são propensos à Mudança, não à Permanência. Glorifiquem aquilo que são Hoje, mas não condenem o que foram Ontem, nem evitem o que podem tornar-se Amanhã. Compreendam que o "certo" e o "errado" são produtos da vossa Imaginação, e que "estar certo", e "não estar certo", são meros anúncios das vossas preferências e imaginações mais recentes. Por exemplo, quanto à questão de pôr termo à Vida, a maioria das pessoas do vosso planeta imagina que "não está certo" fazer isso. Do mesmo modo, vocês continuam a insistir que não está certo ajudar outra pessoa que queira pôr termo à Vida. Em ambos os casos, afirmam que seria "contra a Lei". Chegaram a esta conclusão, presumivelmente, porque o termo à Vida ocorre relativamente depressa. As acções que põem termo à Vida por um período de tempo um pouco mais longo não são contra a Lei, mesmo que conduzam ao mesmo resultado. Assim, se uma pessoa na vossa Sociedade se matar com um tiro de pistola, os membros da família perdem regalias de seguro. Se o fizerem com cigarros, não perdem. Se um médico vos assistir no suicídio chama-se homicídio, se for uma tabaqueira, chama- se comércio. Convosco, parece ser uma questão de tempo. A legalidade da auto-destruição - a sua "correcção", ou o seu "erro" - parece ter muito a ver com a rapidez com que é feita e com quem a faz. Quanto mais rápida a Morte, mais errada parece estar. Quanto mais lenta a Morte, mais se aproxima do "estar certo". Curiosamente, é exactamente o oposto do que deveria ser uma Sociedade verdadeiramente Humana. Em qualquer definição razoável daquilo que designam por "Humano", quanto mais rápida a Morte, melhor. No entanto, a vossa Sociedade castiga os que procuram fazer a coisa humana e recompensa os que cometem a loucura. É loucura pensar que o que Eu exijo é o sofrimento interminável e que pôr fim a umaVida, humana e rapidamente, está "errado". **"Castiguem o Humano e recompensem a Loucura"**. Este é um lema que só um sociedade de Seres de compreensão limitada poderia adoptar. Assim, envenenam o vosso organismo inalando fumos cancerígenos, envenenam-nos comendo alimentos tratados com químicos que vos matarão a longo prazo, e envenenam-no respirando ar que poluem continuamente. Envenenam o vosso organismo de centenas de maneiras diferentes em milhares de Momentos diferentes, e fazem-no sabendo que estas substâncias vos são nocivas. Mas porque demoram mais tempo a matar-vos, cometem suicídio impunemente. Se se envenenarem com alguma coisa que actue mais depressa, dizem que fizeram uma coisa contra a Lei Moral. Pois Eu vos digo: **"Não é mais imoral matar-se rapidamente do que matar-se lentamente"**...

- Então quem se suicida não é punido por Ti?...

- Eu não puno. Eu amo. Amo-vos incondicionalmente independentemente do que fizerem.

- E as pessoas que vão escapar da sua situação, descobrem que são confrontados com a mesma situação, ou condição, na outra Vida?...

- A vossa Experiência no que chamam "a outra Vida" é um reflexo da vossa Consciência na altura em que entram nela. Mas serão sempre Seres de livre- arbítrio, e podem alterar a vossa Experiência sempre que queiram.

- Então todos os que já se mataram, estão bem?

- Sim. Muito bem.

- Já li um livro excelente sobre o suicídio dum adolescente chamado **"Stephen Lives"** de **Anne Puryear**. A própria Mãe o escreveu, com as Mensagens do filho.

- **Anne Puryear** é uma Mensageira Maravilhosa. E seu filho também. Esse livro diz mais sobre esse assunto do que está aqui a ser escrito, e quer tenhas mágoas profundas, ou questões não resolvidas à volta de um ente querido que tenha posto termo à Vida, abrir- te-ás à Cura através desse livro.

- É muito triste que tenhamos essas mágoas profundas ou questões por resolver, mas muitas delas são resultado do que a Sociedade nos impôs quanto ao suicídio.

- Na vossa Sociedade, muitas vezes não vêem as contradições das vossas próprias estruturas morais. A contradição entre fazerem coisas que sabem perfeitamente que vos encurta a Vida mas fazê-las lentamente, e fazerem coisas que encurta a Vida rapidamente, é uma das mais evidentes na Experiência Humana.

- Quando falas assim, parece tudo tão óbvio. Porque não vemos as coisas assim?...

- Porque se vissem essas Verdades teriam de fazer alguma coisa a respeito delas. E isso vocês não querem fazer. Portanto, não têm outra alternativa senão olhar para uma coisa e não a ver.

- Mas porque não quereríamos fazer alguma coisa a respeito dessas Verdades, se as víssemos?...

- Porque estão convencidos que, para fazer alguma coisa em relação a elas, teriam de acabar com os vossos prazeres. E isso vocês também não querem fazer. A maior parte das coisas que provoca morte lenta são coisas que vos dão prazer, ou resultam dessas coisas. E a maior parte dessas coisas dão prazer ao Corpo. Isso é o que marca a vossa Sociedade como primitiva. As vossas Vidas estão largamente estruturadas à volta da Procura e da Experiência dos Prazeres do Corpo. Claro que todos os Seres em toda a parte procuram experimentar Prazeres. Nada há de primitivo nisso. É a Ordem Natural das coisas. O que diferencia as Sociedades, e os Seres dentro das Sociedades, é o que definem como dando Prazer. Se uma Sociedade estiver largamente estruturada em volta dos Prazeres do Corpo, funciona a um nível diferente de uma Sociedade que funciona a um nível diferente de uma Sociedade estruturada à volta dos Prazeres da alma. E entendam que isso não significa que os Puritanos tinham razão e que todos os Prazeres da Carne devem ser negados. Significa que, nas Sociedades Elevadas, os Prazeres do Corpo Físico não constituem a maioria dos prazeres desfrutados. Não são o Objectivo Principal. Quanto mais Elevada a Sociedade ou o Ser, mais Elevados são os seus Prazeres.

- Não estás a fazer Juízos de Valor?... Pensava que não os fazias...

- Eu não disse que era Melhor ser Elevado em termos de Consciência. Na verdade, não é. É apenas uma observação. Mas verdade seja dita, em relação a outros Seres do Universo, vocês ainda estão no Jardim-Escola.

- Estás a menosprezar a Raça Humana?...

- Não. Mas o teu Ego está empenhado em Ser Algo que Não És - e em Não Ser O Que És. A maior parte das pessoas ouve insultos quando apenas foi feita uma observação, se o que está a ser observado é algo que não querem reconhecer. Mas até se segurar uma coisa, não se pode libertá-la. E não se pode deixar aquilo que não se aceita.

- *Exactamente.*

- *O Esclarecimento começa com a aceitação, sem julgar "o que é". Isso chama-se "encaminhar-se para o Ser". É no ser que se encontrará a liberdade. Aquilo a que se resiste, persiste. Aquilo para que se olha, desaparece. Ou seja, deixa de ter a Forma Ilusória. Vêem-no pelo que É. E o que É pode sempre ser alterado. Só o que Não É, não pode ser mudado. Portanto, para mudar o Ser, encaminhem-se para Ele. Não lhe resistam. Não o neguem. O que se nega, declara-se. O que se declara, Cria-se. A Negação de uma coisa é a sua Re-Criação, porque o próprio acto de negar uma coisa, coloca-a ali. A Aceitação de uma coisa, coloca-vos no Controlo. O que negam não pode controlar, porque disseram que não está lá. Portanto, o que negam controla-vos. A maioria da vossa Raça não quer aceitar que ainda não evoluíram até à primária. Não quer aceitar que a Raça Humana ainda se encontra na pré-primária. Contudo, esta falta de Aceitação é exactamente o que a mantém lá. O vosso Ego está tão empenhado em Ser O Que Não São - (Altamente Evoluídos) - que Não Estão A Ser O Que São - (em Evolução). Assim, agem contra vós, combatendo-vos a vós próprios. E, em consequência, evoluem muito devagar. A rapidez da Evolução começa com a Aceitação do que É e não do que Não É. Não te esqueças que quanto Mais Elevada é uma Sociedade ou um Ser, tanto Mais Elevados são os Seus Prazeres.*

- *O que queres dizer com "Elevado"?...*

- *O teu Ser é o Universo num micro-cosmos. Tu e todo o teu Corpo Físico, são constituídos por Energia Pura Concentrada em Sete Pontos ou Chacras. O que estimula os teus Chacras Inferiores não é o mesmo que estimula os teus Chacras Superiores. Quanto Mais Alto ergues a Energia da Vida através do teu Ser físico, Mais Elevada será a tua Consciência.*

- *Mas isso parece defender o Celibato. As pessoas Elevadas em Consciência não baseiam no Chacra da Raíz as suas interacções com outros Seres Humanos.*

- *Isso é verdade...*

- *Mas já me disseste que a sexualidade humana deveria ser celebrada e não reprimida.*

- *Exactamente.*

- Agora não estou a perceber nada. Parece uma contradição...

- O mundo está cheio de contradições, Meu Filho. A falta de contradições não é um elemento necessário na Verdade. Por vezes, a Maior Verdade existe dentro da contradição. O que aqui temos é a Dicotomia Divina.

- Então ajuda-me a perceber a Dicotomia Divina. Toda a minha vida ouvi dizer de como era Elevado erguer a Energia Kundaline a partir do Chacra da Raiz. Esta foi a principal justificação para os Místicos que vivem vidas de êxtase sem sexo.

- Não é uma exigência que toda a expressão sexual seja reprimida e toda a Energia Sexual seja Elevada. Se isso fosse verdade, não haveria Seres Altamente Evoluídos em parte nenhuma, porque toda a Evolução teria parado.

- Óbvio.

- E as pessoas que se fazem muito santas, que afirmam que nunca têm relações sexuais e que afirmam que isso é sinal da sua Santidade, não percebem como é suposto a Vida funcionar. Vou te dar um exemplo. Se quiseres uma medida com a qual medir se uma coisa é boa, ou não, para a raça humana, faz a ti próprio essa pergunta: **"O que aconteceria se toda a gente o fizesse?"**. Se toda a gente fizesse uma coisa, e o resultado fosse o benefício final para a Humanidade, então seria Elevada. Se toda a gente o fizesse, e trouxesse o caos à raça humana, não seria uma coisa muito Elevada a recomendar, certo?...

- Certo.

- Então acabas de concordar que nenhum Verdadeiro Mestre diria que o celibato sexual é o caminho para a Mestria. No entanto, é esta ideia de que a abstinência sexual é de alguma forma o Caminho Superior, e que a expressão sexual é um Desejo Inferior, que causou a vergonha da experiência sexual e provocou todo o tipo de culpa, e disfunção, que se desenvolveram à sua volta.

- Mas se o raciocínio contra a abstinência sexual é que proibiria a procriação, não se poderia argumentar que depois do sexo ter desempenhado essa função, deixa de ser necessário?

- Não se tem relações sexuais porque se reconhece a responsabilidade de procriar para com *a raça humana. Têm-se relações sexuais porque é a coisa natural a fazer. Está nos genes. Obedece-se a um imperativo biológico. Quase como um sinal genético que conduz à questão da sobrevivência da espécie.*

- Mas uma vez assegurada a sobrevivência da espécie, a coisa Elevada não é "ignorar o sinal"?

- Interpretas mal o sinal. O imperativo biológico não é garantir a sobrevivência da espécie, mas experienciar a Unidade que é a Verdadeira Natureza do vosso Ser. Criar uma Vida Nova é o que acontece quando a Unidade é alcançada, mas não é a razão pela qual se procura a Unidade. Se a procriação fosse a única razão da expressão sexual não precisariam continuar a realizá-la uns com os outros. Podiam juntar os Elementos Químicos da vida numa placa de Petri, mas isso não satisfaria os ímpetos mais básicos da Alma, que acontece serem Muito Maiores do que a mera procriação, e que têm a ver com a Re-Criação de Quem e O Que Realmente São. O imperativo biológico não é Criar mais Vida mas sim Experienciar mais Mida. E Experienciar essa vida tal como ela é: Uma manifestação da Unidade.

- Começo a perceber...

- Não há nada de ignóbil, ou profano, em ter relações sexuais. Tirem essa ideia da vossa cabeça. Não há nada de ordinário, ou menos digno - (ou menos santificado) – numa experiência sexual apaixonada e invadida pelo desejo. Os ímpetos físicos não são manifestações de comportamento animalesco. Eu vos criei assim. Fui Eu que criei esses ímpetos em vocês. Logo, porquê reprimir algo que Eu criei?... Usufruam-no ao máximo. Foi para isso que vos criei assim. Os ímpetos físicos são apenas um ingrediente numa mistura complexa de reacções que todos vocês têm em relação uns aos outros. Lembrem-se que são Seres Tripartidos com Sete Centros Chacra. Quando reagem uns com os outros a partir das Três Partes e dos Sete Centros, ao mesmo tempo, tem a experiência máxima que procuram - para a qual foram criados!... E não há nada de profano em nenhuma dessas Energias. Mas se escolhem só uma delas, isso é dividido. É não ser inteiro. Quando não estás a ser inteiro, estás a ser menos do que És. É isso que significa "profano". A admonição contra o sexo

para os que escolhem ser "Elevados", nunca foi uma admonição Minha. Foi um convite. Um convite não é uma admonição, mas transformaram-no nisso. E o convite não era para deixarem de fazer sexo, mas para deixar de ser dividido. Seja o que for que façam - fazer sexo ou tomar o pequeno-almoço, ir trabalhar ou ir à praia, saltar à corda, ler um livro, seja o que for que façam, façam-no como um Ser inteiro. Como o Ser inteiro que são. Se tiverem relações sexuais apenas a partir do vosso Chacra Inferior, estão a funcionar apenas com o Chacra da Base, e a perder a parte Mais Gloriosa da Experiência. Mas se estiverem a ser afectuosos com outra pessoa, a partir dos Sete Centros de Energia, estarão a ter a Experiência Máxima. Como é que isso pode não ser Sagrado?... O Orgasmo é uma das Experiências mais Místicas que existe. É quando a Energia Vital da Vida passa-nos pelos Sete Chacras. O êxtase é indescritível.

- Acredito...

*- E assim o convite a fazer fluir a Energia Vital através do vosso Corpo Físico até ao vosso Chacra Superior não se destinou a ser uma sugestão, ou uma exigência, para que se desligassem da parte inferior. Se fizerem subir a Energia no Chacra do Coração, ou mesmo ao Chacra da Cabeça, isso não significa que ela não possa estar também no Chacra da Base. Na verdade, se não estiver, estarão desligados. Depois de terem levado a Energia Vital aos Pontos Superiores, podem ou não optar, não será porque fazê-lo violaria qualquer Lei Cósmica da Sacralidade. Nem vos torna de maneira nenhuma mais "Elevados". E se optarem por fazer sexo com outra pessoa, não vos reduzirá apenas ao nível do Chacra Inferior - excepto se fizerem o oposto de desligar em baixo, e desligarem em cima. Portanto, eis o convite, não uma admonição, mas um convite: **"Ergam a Vossa Energia, a Vossa Força Vital, ao nível Mais Alto possível a cada momento, e serão elevados".** Nada tem a ver com ter, ou não, relações sexuais. Tem a ver com o Elevar da Consciência, seja o que for que estejam a fazer.*

- Mas como podemos Elevar a nossa Consciência?... E como podemos Elevar a nossa Energia Vital através dos nosso Chacras?...

*- Leiam os textos de **Deepak Chopra**. **Chopra** entende o Mistério da Espiritualidade e a sua*

Ciência. E há outros Mensageiros maravilhosos. Os seus livros descrevem não só como Elevar a Energia Vital através do Corpo, mas também como deixar o Corpo Físico. Podem recordar através dessas leituras a alegria de abandonar o Corpo. Nunca mais voltarão a temer a Morte. E finalmente compreenderão a Dicotomia: como é uma alegria estar com o Corpo, e uma alegria estar livre dele; fora dele.

- Já saí do Corpo algumas vezes. Encontrei-me com o meu Eu Superior, e com Jesus.

- Eu sei... Tiveste no Jardim de Oríôn, em Poseidôn, em Sírio, e Jesus te mostrou também o Universo das Bolhas. Foi saindo do teu Corpo, tirando o teu Espírito dele, que entraste no Todo. Ao deixares de ser uma Entidade Individual - (Espírito) - e passares a ser uma Entidade Colectiva - (o Todo) - ficas com a Consciência do Todo. Ao voltares ao teu Corpo e passares a ser uma Entidade Individual de novo, trazes a Consciência do Todo contigo e por isso sabes as coisas que sabes. Já agora, porque nunca mais vieste cá cima?...

- Sabes que tenho tido muito pouco tempo. Tive à procura de casa e de trabalho e, no meio disso tudo, tive de lidar com a doença e com a Morte de minha mãe.

- Eu sei. Aguentaste-te bem com a Morte dela. Estamos orgulhosos de ti. E tua mãe também...

- Um dia desses hei-de ir ao Jardim de Oríôn vê-la. Tomas conta dela por mim?...

- Claro que sim. Ela está bem. Sabes disso.

- Elucida-me só mais uma coisa... Se a Alma se sente tão infeliz no Corpo, porque não se limita a deixá-lo?...

- Ela deixa. E várias vezes. Mas não o deixa por se sentir infeliz. Pelo contrário, deixa-o porque deseja regenerar-se, rejuvenescer.

- E faz isso muitas vezes?

- Todos os dias.

- Quando?

- A Alma deixa o Corpo a todo o momento. Continuamente. Ao longo de toda a Vida... Foi por isso que Nós inventamos o sono.

- Uau... Isso explica muita coisa... Quando sonhamos com alguém, mesmo que esse alguém more noutro país, às vezes parece tão real, que até parece que estivemos lá...

- Não parece, estiveram mesmo. Eu explico... Ao longo de toda a Vida a Alma busca periodicamente o rejuvenescimento para poder continuar a arrastar-se nesse transporte que é o Corpo. Pensas que é fácil a tua Alma habitar o teu Corpo?... Não é. Pode ser simples, mas não é fácil. É uma Alegria, mas não é fácil. É a coisa mais difícil que a tua Alma já fez. A Alma, que conhece uma leveza, e uma liberdade, que não podes imaginar, anseia por voltar a esse Estado. A Alma anseia por um Verdadeiro Estado de Ser. A Alma é Leveza e Liberdade. É também ausência de limites e de dor. Sabedoria Perfeita e Amor Perfeito. É todas essas coisas, e mais. Mas experiencia muito poucas coisas destas enquanto se encontra no Corpo. Por isso, combinou algo Consigo Própria. Disse a si própria que ficaria no Corpo enquanto precisasse para se Criar e Experienciar - conforme escolhesse - mas só se pudesse deixar o Corpo sempre que quisesse. E faz isso diariamente através do sono.

- O sono é a Experiência da Alma deixar o Corpo?

- Exactamente.

- Pensei que dormíssemos porque o Corpo precisa de descansar.

- Estás enganado. É ao contrário. A Alma procura descansar e, para isso, faz com que o Corpo adormeça. A Alma deixa literalmente cair o Corpo - (por vezes no sítio onde está de pé) - quando se cansa dos limites, do peso e da falta de liberdade de estar no Corpo. Deixa o Corpo quando precisa de se reabastecer; quando se cansa da Não-Verdade, da Falsa Realidade, e dos perigos imaginados, e quando busca mais uma vez restabelecer a ligação, tranquilidade, repouso, e um Re-Despertar da Mente. Quando a Alma se liga a um Corpo pela primeira vez, acha a Experiência extremamente difícil. É muito cansativa, especialmente para uma Alma recém-chegada. É por isso que os bebés dormem muito. Quando a Alma recupera do choque inicial de estar novamente ligada a um Corpo, começa a aumentar a sua tolerância. Começa a ficar mais tempo nele. Ao mesmo tempo, a Mente entra no esquecimento, tal como foi concebida para o fazer. Mesmo as fugas da Alma do Corpo, agora menos frequentes, embora diárias, nem sempre levam a Mente à

Relembrança. Nesses períodos, a Alma pode estar livre, mas a Mente pode estar confusa. Assim, o Ser pode perguntar: **"Onde estou?"**, **"O que estou a criar?"**. Essas buscas podem conduzir a jornadas vacilantes, até mesmo assustadoras. A essas Viagens chamam-se Pesadelos. Por vezes, acontece exactamente o contrário. A Alma chega a um lugar de grande recordação. A Mente será então Despertada, o que a encherá de Paz e Alegria, que Experienciarás no teu Corpo quando regressares a ele. Quanto mais o teu Ser experimenta a tranquilidade desses rejuvenescimentos - e quanto mais relembra o que está a fazer, e a tentar fazer, com o corpo, tanto menos a Alma optará por ficar longe do Corpo, porque sabe que veio para o Corpo por uma Razão, e com um Propósito. O seu desejo é dar-lhe seguimento, e utilizar o melhor possível o tempo que tem com o Corpo. A pessoa de Grande Sabedoria precisa de dormir pouco.

- Estás a dizer que se pode saber quanto uma pessoa evoluiu pela quantidade de sono de que precisa?...

- Sim, quase. Quase que se poderia dizer isso... No entanto, por vezes, a Alma opta por deixar o Corpo só pela alegria que isso proporciona. Pode não buscar o Re-Despertar da Mente nem o rejuvenescimento do Corpo. Pode simplesmente optar por Recriar o Êxtase Puro de conhecer a Unidade. Portanto, nem sempre é válido dizer que quanto mais dorme uma pessoa, menos Evoluída é. Mesmo assim, não é coincidência que à medida que os Seres se tornam cada vez mais Conscientes do que estão a fazer com os seus Corpos, se dispõem a passar cada vez mais tempo com os Corpos, e assim parecem "precisar de dormir menos". Alguns Seres até optam por Experienciar tanto o Esquecimento de estar com o Corpo como a Unidade da Alma, ao mesmo tempo. Esses Seres conseguem treinar parte de si próprios a não se identificar com o Corpo enquanto ainda se encontram nele, Experienciando assim o Êxtase de saber Quem Realmente São, sem terem de perder o estado desperto humano para o conseguirem.

- Como fazem isso? Como posso fazer isso?...

- É uma questão de atingir a Consciencialização Total, já te disse. Não podes Fazer Totalmente Consciente, só podes Ser Totalmente Consciente.

- Como?... Meditando?...

- A Meditação diária é um dos melhores instrumentos para criar essa Experiência. Com ela, podes fazer fluir a tua Energia Vital ao teu Chacra Superior. E até deixar o Corpo enquanto estás acordado. Na Meditação, colocas-te num Estado de Preparação para Experienciares a Percepção Total, enquanto o teu Corpo está no estado desperto. Esse Estado de Percepção chama-se a Verdadeira Vigília. Não tens de estar sentado em Meditação para o Experienciares. A Meditação é apenas um meio, um instrumento. Também precisas de saber que a Meditação sentada não é o único tipo de Meditação que existe. Existe também a Meditação parada. A Meditação a andar. A Meditação a fazer. A Meditação sexual. Esse é o Estado da Verdadeira Vigília. Quando chegares a esse Estado, pára simplesmente, interrompe o teu Caminho, pára de fazer o que estiveres a fazer, limita-te a parar por um Momento, e limita-te a "Estar" exactamente onde estás, e estarás certo, exactamente onde estiveres. Parar, mesmo que só por um Momento, pode ser uma Benção. Olha-se em volta, lentamente, e repara-se em coisas em que não se tinha reparado ao passar por elas. O forte aroma da terra depois de chover. Uma criança a brincar. Uma flor. Uma formiga. Não é preciso sair do Corpo para o Experienciar. É este o Estado de Verdadeira Vigília. Quando se caminha nesse Estado, respira-se cada flor, voa-se em cada pássaro, sente-se cada estalido sob os pés. Descobre-se a Beleza e a Sabedoria. Porque se descobre Sabedoria onde quer que se forme Beleza. E a Beleza forma-se em toda a parte, de toda a matéria da Vida. Não tens de a procurar. Ela virá ter contigo. Quando "fazes" nesse Estado, transformas o que quer que estejas a fazer em Meditação e, em consequência, numa Dádiva, numa Oferenda, de Ti para a tua Alma, e da tua Alma para o Todo. Quando experiencias uma troca de Energia Sexual nesse Estado, conheces a Suprema Verdade de Quem Tu És. O coração da tua amante torna-se o teu Lar. O Corpo dela torna-se o Teu. A Tua Alma deixa de se imaginar separada de Tudo. Quando estás pronto, estás acordado. Um sorriso pode fazer-te lá chegar. Um simples sorriso. Pára tudo por um Momento e sorri. Por nada. Para nada. Só porque é bom. Só porque o teu coração sabe um Segredo. E porque a tua Alma sabe qual é o Segredo. Sorri por isso. Sorri muito. Curará todos os teus males. Pedes- Me

instrumentos. E Eu estou a dar-tos. Respira. Esse é outro instrumento. Respira bem fundo. Lenta e suavemente. Aspira o suave e o doce Nada da Vida, que te faz Ser Tudo, tão cheio de Energia, tão cheio de Amor. É o Amor de Deus que respiras. Respira profundamente e senti-lo-ás. Respira muito, muito profundamente, e o Amor far-te-á chorar de Alegria. Porque encontraste o teu Deus, e o teu Deus apresentou-te à tua Alma. Depois dessa Experiência, a tua Vida nunca mais é a mesma. O teu Ser muda para sempre.

- Lindo... Obrigada. Mas diz-me: Devo meditar todos os dias?...

- Não é uma questão daquilo que deves fazer mas daquilo que escolhes fazer. Há Almas que procuram Caminhar em Consciência. Algumas passam pela Vida Inconscientes. As Almas que Caminham em Consciência escolhem um Caminho diferente. Procuram Experienciar toda a Paz e Alegria, ausência de limites e liberdade que a Unidade traz; não só quando deixam cair o Corpo e ele "adormece", mas também quando levantam o Corpo. Diz-se de uma Alma que criou essa Experiência: "Ele elevou-se". Outros, na chamada New Age, definem esse processo de "Elevação de Consciência". Não importam os termos que se utilizam, tudo se resume em Viver em Consciencialização. E então, transforma-se em Consciencialização Total.

- E de que é que me torno Totalmente Consciente?...

- Tornas-te Totalmente Consciente de Quem Tu És. A Meditação diária é uma forma de o conseguires. Mas requer empenho, dedicação - a decisão de buscar a Experiência Interior, e não a recompensa exterior. E lembra-te que os silêncios guardam os Segredos. E, por isso, o som mais doce é o Som do Silêncio. Essa é a Canção da Alma. Se acreditares nos ruídos do mundo em vez de acreditar nos Silêncios da Alma, estarás perdido. A Canção da Alma pode ser cantada de muitas maneiras. O doce Som do Silêncio pode ser ouvido muitas vezes. Alguns fazem Meditação. Alguns ouvem o Silêncio na Oração. Alguns fazem Contemplação. Quando a Mestria é alcançada, os ruídos do mundo podem ser abafados, e as distrações silenciadas mesmo no meio deles. Toda a Vida se torna uma Meditação. Quando se faz isso, Contempla-se o Divino. Essa é a Verdadeira Vigília. Experienciado desta forma, tudo na Vida é Abençoado. Não existe mais Luta, nem Esforço, nem Preocupação. Há apenas a

Experiência que podes classificar da forma que quiseres. Podes optar por chamar a tudo isso de Perfeição. Portanto, utiliza a Vida, e todos os seus Acontecimentos, como uma Meditação. Caminha Desperto, não Adormecido. Movimenta-te atentamente, e não desatento, e não te detenhas nem na dúvida e no medo, nem na culpa e na auto-recriminação, mas reside em esplendor permanente na certeza de que És Grandiosamente Amado. És sempre Um Comigo. És sempre bem vindo. Bem vindo a casa. Porque a tua Casa é no Meu Coração. E a Minha no teu. Convido-te a veres isso na Vida como o verás seguramente na Morte. E aquilo a que chamas Vida e Morte são apenas Partes da mesma Experiência Interminável. Somos Tudo o que Existe, Tudo o que alguma vez existiu, e Tudo o que alguma vez haverá, para Todo o Sempre.

- Uau... Não tenho palavras. Apenas perguntas... Fala-me da Alma. Ela existe?...

- Sim. É o Terceiro Aspecto do teu Ser. És um Ser de Três Partes. Composto de Corpo, Mente e Espírito. O teu Corpo já conheces mas a tua Mente não. Pensas, tal como quase toda a gente que a Mente está no cérebro. Não... A Mente está em todas as células do teu Corpo. Aquilo a que chamas Mente é, na realidade, Energia. É o Pensamento. E o Pensamento é uma Energia, não é um objecto. O teu cérebro é um objecto. É um mecanismo físico e bioquímico com o qual o Corpo traduz, ou converte, a Energia que é o Pensamento em impulsos físicos. O cérebro é um transformador. E o corpo inteiro também. Tens pequenos transformadores em cada célula. Os bioquímicos tem referido com frequência como as células individuais - os glóbulos de sangue, por exemplo - parecem ter Inteligência Própria. E têm, de facto. Isso aplica-se não só às células, mas também a partes maiores do Corpo. E há mais células no cérebro que em qualquer outra parte, por isso, parece que a Mente se encontra lá. Mas é apenas o Principal Centro de Processamento, mas não é o único.

- Então onde está a Alma?...

- Em Toda a Parte, tal como a Mente.

- Mas a Mente não está em toda a parte. Em todas as células, sim. Mas entre as células existe espaço. É aí que está a Alma?...

- A Alma está em Toda a Parte, dentro, através e à volta de ti. É o que te contém.

- *Mas sempre me ensinaram que o Corpo é que contém a Alma. O que é que aconteceu ao "O teu Corpo é o Templo do teu Ser"?...*

- *Isso foi em sentido figurado. É útil para ajudar as pessoas a perceber que são mais do que o Corpo; que há Algo Maior do que eles. E há: Literalmente. A Alma é Maior do que o Corpo. Não é carregado dentro do Corpo, mas carrega o Corpo dentro de si.*

- *Agora está difícil de perceber e pesado de aceitar...*

- *Já ouviste falar numa aura?*

- *Já. É isso a Alma?...*

- *É o mais que nos podemos aproximar, na tua linguagem, no teu entendimento, para te dar uma imagem duma Realidade Enorme e complexa. A Alma é o que te conserva inteiro, tal como a Alma de Deus é o que contém o Universo, e o conserva inteiro.*

- *Isso é forte demais para mim... Mas se a Alma é o ar dentro, e em volta, de nós, e se as Almas das outras pessoas são o mesmo, onde termina uma Alma e começa outra?...*

- *Não há nenhum lugar onde uma Alma começa e outra acaba, tal como não há nenhum lugar onde o ar da sala de estar acaba e o ar da sala de jantar começa. É tudo o mesmo ar. É tudo a mesma Alma. É este o Grande Segredo do Universo.*

- *E se Tu És o que contém o Universo, tal como nós somos o que contém os nossos Corpos, então não há lugar nenhum onde Tu acabas e nós começamos?...*

- *Vês como já começas a perceber?... Somos Todos Um.*

- *Sempre pensei que isto era uma Verdade Metafísica. Agora vejo que é uma Realidade Física. Mas se não há nenhum lugar onde termina uma Alma e começa outra, isso quer dizer que não existe nenhuma Alma Individual?...*

- *Sim e Não.*

- *Então?!...*

- *Lembras-te da Dicotomia Divina?*

- *Sim. E?...*

- *Ora bem, esta é uma delas. De facto, é a Maior.*

- *E porquê?...*

- A Dicotomia Divina sustenta que é possível duas verdades aparentemente contraditórias existirem simultaneamente no mesmo espaço. Ora, no vosso planeta, as pessoas acham isso difícil de aceitar. Gostam de ordem, e tudo o que não se adapte ao seu cenário, é imediatamente rejeitado. Por essa razão, quando duas Realidades começam a afirmar-se e parecem contradizer-se, o pressuposto imediato, é que uma delas deve estar errada. Mas ambas podem ser verdadeiras. Mas no campo do Absoluto - por oposição ao Campo Relativo em que vives - uma verdade que É Tudo O que É produz, por vezes, um efeito que, encarado em termos relativos, parece uma contradição. Isso é a Dicotomia Divina. E é uma parte muito real da experiência humana. As pessoas estão sempre a resmungar, zangadas, procurando justiça em vão, ou a tentar desesperadamente reconciliar forças opostas que nunca se destinaram a ser reconciliadas, mas que, pela própria natureza da tensão entre si, produzem exactamente o efeito desejado. O domínio do Relativo é mantido inteiro, de facto, por essas mesmas tensões. Por exemplo, a tensão entre Bem e Mal. Na Suprema Realidade não existe nem Bem nem Mal. Contudo, no domínio do Relativo, vocês criaram a Experiência daquilo a que chamam "Mal", e fizeram-no por uma razão plausível. Queriam experienciar o Amor, não apenas "saber" que o Amor É Tudo O Que É, e não se pode Experienciar uma coisa quando nada mais há senão isso. E assim, Criaram na vossa Realidade uma Polaridade de Bem e Mal, utilizando um para poderem Experienciar o outro. E aqui temos a Dicotomia Divina - Duas Verdades aparentemente contraditórias, que existem simultaneamente, no mesmo lugar. A saber: O Bem e o Mal. Mas tudo o que existe é Amor.

- Obrigada, Sinto-me grato...

- A Dicotomia Divina é o que estamos a ver neste Momento. Existe um só Ser e, portanto, uma só Alma. E há muitas Almas no Único Ser. A Dicotomia funciona assim: Acabei de te dizer que não existe separação entre as Almas. A Alma é a Energia Vital que está dentro, e à volta, de todos os objectos físicos. É o que mantém os objectos físicos no seu lugar. A "Alma de Deus" contém o Universo, a Alma do homem contém cada Corpo Humano Individual.

- Isso é tremendo...

- Não existe nenhuma linha divisória entre as Almas - não há lugar nenhum onde uma Alma termina e outra começa. E, portanto, é realmente uma só Alma que contém todos os Corpos.

- E essa única Alma tem muitas Almas?

- Sim. Foi assim que foi concebida. Embora não haja verdadeira separação entre as Almas, é verdade é que a matéria de que a única Alma é feita se manifesta na Realidade Física a velocidades diferentes, produzindo diferentes graus de Densidade.

- Não percebi...

- Toda a Vida é uma vibração. Aquilo a que chamas Vida - (podes chamar Deus) – é Energia Pura. Ela vibra constantemente, sempre. Move-se em ondas. As ondas vibram a velocidades diferentes, produzindo diferentes graus de Densidade, ou de Luz. Por sua vez, isso produz efeitos diferentes no mundo físico, ou seja, objectos físicos diferentes. Contudo, enquanto que os objectos físicos são diferentes, e distintos, a Energia que os produz é exactamente a mesma. Lembras-te do exemplo do ar da sala de estar e da sala de jantar?... Foi um bom exemplo. Realmente não há nenhum lugar específico onde o ar da sala de estar termina e o ar da sala de jantar começa, mas existe um lugar da sala de estar onde o ar se torna menos denso. O mesmo acontece com o ar da sala de jantar. Quanto mais te afastares da sala de jantar, menos sentes o cheiro do jantar. Percebes?...

- Sim. Continua...

- O ar dentro de casa é o mesmo ar. Não há ar separado na sala de jantar, no entanto, o ar da sala de jantar parece outro ar. Já tem um cheiro diferente. Mas não é. É sempre o mesmo ar, mas parece diferente. Na sala de estar, sentes o cheiro da lareira, na sala de jantar sentes o cheiro da comida. Embora até possas abrir a janela da sala de estar para arejar, até o ar que vem de fora é o mesmo ar. Embora todos com características diferentes, é sempre o mesmo ar.

- Percebo...

- Tal como o ar na casa, a Energia Vital - aquilo a que chamamos a "Alma de Deus" - assume características diferentes ao envolver objectos físicos diferentes. Na verdade, essa Energia aglutina-se de determinado modo para formar esses objectos. Quando as

Partículas de Energia se unem para formar matéria física, tornam-se muito concentradas. Aglutinadas. Começam a "parecer" e a "sentir-se" como unidades distintas. Ou seja, começam a parecer "separadas", "diferentes" de toda a outra Energia. Mas é toda a mesma Energia, com comportamentos diferentes. É este acto de se comportar de forma diferente que torna possível O Que É Tudo se manifestar como O Que É Muitos. Já te expliquei Que Tudo O Que É não podia experienciar-Se como O Que É até aprender essa capacidade de diferenciar. Assim, O Que É Tudo, separou-se em O Que É isto e O Que É Aquilo. Os Pedaços de Energia que se aglutinaram em unidades individualmente distintas que continham Seres Físicos, são aquilo que vocês optaram por chamar Almas. São as Partes de Mim que se transformaram em todos vós. Há só Um de Nós. E há muitos de Nós. É isso a Dicotomia Divina.

- Uau... Formidável... Nem sei o que dizer. Continua...

- E que tal se parássemos um pouco com essa conversa e te enviasse outras mensagens?...

- Mas depois continuamos o assunto?...

- Claro que sim... Agora canaliza e escreve...

VOA

Voa para lá do Branco, para lá das Estrelas, para lá das Constelações - para lá do Infinito Imaginário. Voa para lá do que o teu Corpo pode suportar. Aceita desprender, aceita prescindir. Voa para lá do Branco, passa o Portal de Luz. Vem ter Comigo... Dá-me o teu Coração, dá-me a tua Capacidade de Amar, dá-me a tua Força. Volta para Casa e eu vou transformar-te num Anjo, vou transformar-te num Ser de Luz, vou transformar-te num Avatar. E depois, quando regressares à Terra, nunca mais nada vai ser igual, porque encheste a Terra de Céu. Encheste a Terra de Mim...

Jesus

NOVO INÍCIO

Um Novo Início se abre. Um Novo Início se abre para uma Nova Primavera. Uma Nova Perspectiva, sem amarras nem questões antigas. Uma Nova Realidade verdejante, como a Primavera nos primeiros dias. É tempo de Primavera Espiritual. Tempo em que tudo nasce, em que tudo brota e se desenvolve. Tempo em que tudo se encaixa de forma perene e desprogramada... e descomprometida... e desafogada... mas perene. Tempo de escassos meios para alcançar tantos fins anunciados. Tempo de Escolhas. Tempo de Reflexão. Tempo de iniciar a Jornada. A Nova Jornada que te leva ao Infinito. Em que a estrada é frágil, mas Iluminada. Em que o caminhar é inseguro, mas Feliz. Em que o Tempo é Tempo. E o que fizeres com ele vai contar sempre a teu favor. Um Novo Início se abre. Não queiras saber o que é... Sente. Não queiras controlar a vida... Sente. Não queiras chegar ao fim. Não te apresses... Sente. Percorrer o Caminho é a única certeza que terás nesta estrada tão atribulada.

Jesus

O MOMENTO PRESENTE

A melhor maneira de te conectares com o Céu é viveres o Momento Presente. Este Momento Único, que quando passa, não volta mais. Se o tentares viver depois, já se terá transformado em Passado. Se o tentares viver antecipadamente, tentando controlar o que vai acontecer, não passará de Futuro, uma frequência de Futuro, pois, como sabes, o Futuro Absoluto não existe. Deverá levar-se sempre em conta o livre-arbítrio das pessoas. As Escolhas de cada um é que vão condicionar o Futuro. O que virá é sempre uma consequência do Passado ou do Presente. Resumindo, vive o Hoje, o Agora, o preciso Momento em que podes efectivamente escolher. O Passado não se escolhe, já se escolheu. Outras Escolhas foram feitas para delimitar este Presente que vives hoje. Mas o mais importante é viver o Hoje, olhando para ele com imparcialidade, e aplicando a Escolha. A mais Verdadeira Escolha que irá denunciar quem Verdadeiramente És. Se viveres o Agora, este Momento, intensamente, estarás imbuído de tal maneira de quem Tu És, que não terás outra hipótese senão escolher em conformidade. E assim irás construir o Futuro, não baseado em suposições, mas em dados concretos que demonstrem o teu Ser. Esse Futuro só poderá ser propício, só poderá ser feliz. Não te esqueças. Angústia e culpa é viver no Passado. Ansiedade é viver no Futuro. Vive o Agora, este Momento, e receberás a Verdadeira Inspiração para Seres Quem És...

Jesus

AS TRÊS DIMENSÕES

*Cada um de vocês tem Três Dimensões. Cada um de vocês vibra com a Energia do Triângulo, a Três Tempos. A Dimensão Mental, a Dimensão Emocional e a Dimensão Espiritual ou Dimensão da Alma. Cada um de vocês só conseguirá harmonizar-se quando conseguir vibrar, igualitariamente, nas Três Dimensões. Mas não é assim. Não tem sido assim. O Ser Humano, nos últimos tempos, tem vibrado pela Dimensão Mental. As outras duas são controladas por esta. Quando estás triste, pensas **"Que disparate, estou triste e não sei porquê.".** E tentas deixar de estar triste. Na realidade, manipulas a tua Emoção com a tua Mente. Dizes à dor: **"Pára de doer porque eu não te entendo…".** E bloqueias. E travas o Fluxo Emocional que te iria levar a algum lugar. Com certeza. Quando sentes o Chamamento, quando sentes a Energia de Aquário, quando te emocionas com as Coincidências, quando vês a Vida a desfilar à tua frente, com acontecimentos inusitados e luminosos, enfim, quando sentes a Luz e, em última análise, quando me sentes a Mim, a primeira coisa que pensas é: **"Lá estou eu a inventar coisas. Lá estou eu a alucinar de novo…".** E cortas. Travas… Essa é a tua Mente a impedir a tua Dimensão Espiritual de se manifestar. Porque és Energia, não és outra coisa. E a Energia manifesta-se. Tens Três Dimensões. Não deixes a Dimensão Mental dominar. Harmoniza. Pensa. E pensa bem… Sente. E respeita o que sentes… Intui, e segue a tua Luz. E serás harmonioso. E serás* *equilibrado. E serás feliz...*

Jesus

APERTO NO PEITO

*É o aperto no peito. É esse aperto no peito. Esse é o sinal. Passaste toda a vida a ignorá-lo, a passar por cima dele, como se não tivesse importância. Como se ele não fizesse parte de ti. Como se não fosse a tua alma a gritar, a chamar. Sempre que fazias algo que te provocava esse aperto, sempre que decidias algo, escolhias algo, pensavas em algo que te provocava esse aperto no peito, achavas estranho, mas... seguias em frente. **"A vida é para ser vivida"**, pensavas. Esse aperto não te parava, não te detinha, não fazia com que revisses as tuas posições. Não fazia com que atrasasses o Caminho, ao menos até saberes do que se tratava. Não. Isto já passa. É ansiedade. É depressão. Vou tomar alguma coisa, isto já passa... Mas o aperto não passou. Até que te habituaste a viver com ele, a conviver com ele. Até que ele passou a fazer parte de ti. Passaste a achar que era natural, viver era assim, a vida era assim. E a tua Alma, que anda a gritar, a pedir socorro, a pedir ajuda, só sabe falar contigo dessa maneira. Através de um aperto no peito. E ao desprezares esse Mal, estás a desprezar a tua Alma. E ela precisa tanto de ti... Precisa da tua atenção, do teu* respeito e do teu discernimento. Precisa do teu Caminho, da tua astúcia e da tua inteligência. Não para a maltratares, excluíres e para fingires que ela não existe. Não para a rejeitares, para lhe faltares ao rigor e para a modificares. Não... Ela precisa de ti para Seres Quem És, verdadeiramente e livremente. Precisa da tua Sabedoria para se manifestar. E precisa da tua Escolha para aceder à Luz.

Jesus

ARMADILHAS

Os problemas são armadilhas. Pensa só nisto. Os problemas não são mais do que armadilhas. Eu explico... Pensa num Ser de Luz - Tu - a fazer a Experiência da Densidade, da Negatividade - a Vida na Terra. Pensa que esse Ser de Luz desce à Terra com o único intuito de reagir à Densidade. E a Escolha é dele. Pode reagir com Luz, quem ele verdadeiramente É, ou pode reagir tornando-se denso, como a Terra. Durante a sua Vida na Terra, nós vamos enviando experiências densas - na realidade, o Ser vai atraindo experiências - problemas, frustrações, injustiças, traições. Experiências extremamente densas para testar a reacção. O Ser ficará em Luz e manter-se-á quem é - saindo assim da Roda das Encarnações, fazendo com que a sua missão seja cumprida - ou irá transformar-se em Densidade e perpetuar as suas vindas à Terra?... Qual será a sua Escolha?... Muitos

Seres, por não aguentarem a Experiência, esta dura provação, tentam modificar a Densidade. Querem que o mundo seja Justo, seja Perfeito. Ora, se o mundo fosse Justo e Perfeito, já não haveria a Experiência da Densidade. O Ser ia à Terra e não haveria nenhuma armadilha para testar a sua reacção. Em última análise, não haveria nada a escolher, Tudo seria Luz. Era Luz cá em cima, e Luz aí em baixo. Ora, isso não faz sentido. Quando vos enviamos aí para baixo, ou melhor, quando vocês escolhem ir aí para baixo, a ideia é precisamente que vivenciem as armadilhas da Matéria Densa para testar se conseguem permanecer em Luz, ou se se transformam em Seres Materialistas, Racionais e Densos. Os problemas pelos quais todos vocês passam não são mais do que armadilhas do Céu para testar o vosso Nível de Densidade e o vosso Nível de Luz. Para testar a vossa reacção à Densidade. A escolha é vossa.

Jesus

TRATO

Se não conseguires fazer o que tens de fazer, pelo respeito inequívoco pelo que És, fá-lo numa primeira fase por Mim. Pelo Amor Incondicional que tenho por ti e por todos aqueles da tua espécie. Primeiro, faz coisas - para Ti - por Mim. Depois, ao começares a sentir o vento agradável de mudança, vais começar a compreender. Vais começar a render-te. Vais encontrar -te. Desde que sejas livre. Desde que sejas fiel. A ti... Alguma vez já te disse que te amo?... Que sinto o que tu sentes?... Que sofro o que tu sofres?... Apesar de Eu saber porque é que sofres, não posso escolher por ti, nem posso aliviar o teu sofrimento. A não ser por estas palavras. Amo-te por te responsabilizares pela tua Vida e pela tua Energia. Amo-te por saberes que a situação em que estás é fruto das tuas Escolhas Anteriores. Amo-te por te entregares ao Céu e ao teu próprio coração despenalizando tudo o resto. Amo-te por sentires. E por Me sentires. Fica ciente desta Nossa Relação, e faz este trato Comigo. Depois, aos poucos, vais começar a habituar-te a fazer para Ti. Por Ti... Esse é o Tempo da Essência. É o Tempo em que vais buscar as tuas mais Infinitas Inspirações. É quando tudo volta a fazer sentido, e começas a compreender os motivos de tão longas estradas que te trouxeram até aqui.

Jesus

EXPÕE-TE

Expõe-te. Expõe-te. Expõe-te... É só o que te posso dizer. Posso e tenho de te chamar a atenção para que te exponhas, para que mostres ao que vens, para que ponhas o coração em cima da mesa, e que o faças de Alma aberta. Quem não entender, não entendeu. Mas não é por isso que vais deixar de Ser Quem És, e de mostrar isso ao mundo. O mundo só existe para que tu te exponhas sem teres medo de ser rejeitado. Sem teres medo de ser ridicularizado. Quantas coisas deixas de fazer com medo de te expores?... Quantas experiências não viveste com medo de errar?... O medo de errar faz com que a pessoa não *se exponha. E quanto menos ela se expõe, mais se vai afundando num poço de conformismo e mesmice. Vai chegar um dia em que, de tanto se esconder dos outros, e de si própria, acorda e já nem sabe quem é. Não sabe quem foi. E não tem ideia do que virá a ser. A Vida é feita de Experiências. Sempre que rejeitares alguma com medo de te expores, com medo de errares e de seres julgado por isso, a cada vez que te demitires de ti próprio em nome da não exposição e, consequentemente, da tentativa de não ser julgado, estarás a retirar Experiências à tua Alma, e ao retirares Experiências também retiras Aprendizagem e, consequentemente, Sabedoria. Lembra-te sempre. O que está em causa não é o erro. A questão não é parares de errar. O mundo é dual e imperfeito, tu és dual e imperfeito e, por conseguinte, o mais provável é que continues a errar. Expondo-te ou não. O que está em causa é como reages ao erro, o que aprendes com ele, e o quanto evoluis à conta de o teres cometido. É outra lógica, eu sei, mas é assim.*

Jesus

POR MIM

Esse é o teu Amor por Mim. Quando te olhas todas as manhãs, e tentas novamente aceitarte. Esse é o teu Amor por Mim. Quando te alimentas adequadamente para o teu Corpo não adoecer. Esse é o teu Amor por Mim. Quando te ofereces pequenos presentes. Porque tu mereces. Porque Eu mereço que tu mereças. Quando alcanças a maioridade do Ser. Quando me alcanças nas alturas. Quando sonhas Comigo, e me sorris. Esse é o teu Amor por Mim. Não quero que escrevas. Só quero que sintas, que sintas esse Amor por mim - (o Amor que tens por Mim...). Cada lagoa que olhas, olhas por Mim. Cada pôr-do-sol, cada estrela cadente que contemplas, dás-me um pouquinho desse prazer. Cada memória que tens, é por Mim. Fá-lo por Mim... Cada Ser Humano que abraças, cada olhar que tocas, fá-lo por Mim. Ama por Mim. Não posso estar aí, mas sinto a Matéria por cada um de vocês, por cada Ser Humano que honra o que sente. Que vê o seu coração voar de encontro às alturas. Cada vez que te apaixonares, fá-lo por Mim. Cada vez que utilizares a minha Luz para Amar, Contemplar e Viver, vais sentir-te mais, vais dar-Me mais, e vais unificar o Céu e a Terra por força da nossa união.

Jesus

- Lindas mensagens. E agora podemos continuar a nossa conversa?...
- Então, escreve... À medida que a Energia se aglutina torna-se muito concentrada. Mas quanto mais nos afastamos do ponto dessa concentração, mais dissipada se torna a Energia. A Energia nunca desaparece, porque não pode. É a Matéria de que Tudo é feito. É Tudo O Que Há. No entanto, pode tornar-se muito ténue, quase "não estar lá". Então, noutro lugar pode voltar a aglutinar-se unindo-se para formar Matéria, e que parece uma Unidade Individualmente Distinta. Agora as Duas Unidades parecem separadas uma da outra e, na verdade, não existe nenhuma separação. Os cientistas já descobriram que os blocos de construção de toda a vida são os mesmos. Trouxeram rochas da Lua e descobriram o mesmo

material que encontram nas árvores. Desmancham uma árvore e encontram o mesmo material que encontram em ti. Eu vos digo: **"Somos todos a mesma coisa…"**. Somos todos a mesma Energia, aglutinada, comprimida de formas diferentes, para Criar Formas e Matérias diferentes. Nada conta por si só. Isto é, Nada se pode tornar Matéria por si só. Meu Filho Jesus disse: **"Sem o Pai, Não Sou Nada."**… O Pai de Tudo é Puro Pensamento. Essa é a Energia da Vida. O Amor Absoluto. Este é o Deus e a Deusa, o Alfa e o Ómega, o Princípio e o Fim. O Grande Mistério, a Verdade Eterna. Somos apenas Um, e isso é o que Vocês Realmente São. Um Comigo.

- Isso traz-nos de volta ao assunto da Alma. Quantas Almas existem se somos Todos Um?…
- Boa pergunta. Só existe Uma… A Alma única. Mas essa Alma Única, ou Energia Única, individualiza-se em várias partes diferentes. Lembra-te que o Tempo não existe, existe apenas um Momento, que é o Eterno Momento de Agora. Todas as coisas que já aconteceram, e que acontecerão, estão a ocorrer neste Momento. Nada aconteceu nem "Antes" nem "Depois" porque simplesmente o "Antes" e o "Depois" não existem. Existe sempre, e apenas, Agora Mesmo. Mas neste Instante de Agora, Eu estou a mudar constantemente, logo o número de maneiras em que Me individualizo, é sempre diferente e sempre igual. Mas como pensas em "Antes" e "Depois", o número de Almas está sempre a mudar. Como Estou sempre a mudar, o número de Almas é sempre Infinito. Contudo, num determinado "Ponto de Tempo", parece Finito. E sim, há "Almas Novas" no sentido de que se permitiram, tendo atingido a Suprema Consciência, e a União com a Suprema Realidade, voluntariamente Esquecer Tudo e Recomeçar Tudo de Novo. Decidiram mover-se para outro lugar da Roda Cósmica, e algumas optaram por Ser, de novo, "Jovens Almas". Mas todas as Almas fazem parte do lote original, já que todas estão a ser Criadas - (foram Criadas, serão Criadas) - no Único Momento de Agora. Assim, o número é Finito e Infinito. Variável e invariável, dependendo da forma como é visto. Devido a esta característica de Realidade Suprema, Eu Sou o Movedor Imóvel. Sou o que está sempre em movimento e nunca se moveu, o que está sempre a mudar e nunca mudou.
- Qual é a diferença entre uma "Alma Velha" e uma "Alma Nova"?…

- Um Corpo Energético, uma Parte de Mim, pode conceber-se como "Novo" ou "Velho", dependendo do que Escolhe quando atinge a Consciência Total. Quando regressam à Roda Cósmica, há Almas que optam por ser "Velhas", e outras que optam por ser "Novas". E fazem isso para que a Alma Única se possa conhecer completamente. E outras optaram por ser "Boas" ou "Más", exactamente pela mesma razão. É por isso que nenhuma Alma é jamais castigada. Porque quereria a Alma Única castigar uma Parte de Si?... Por ser uma parte do Todo?...

- Está certo. E as Almas Gémeas existem?...

- Sim, mas não da maneira como tu pensas. Vocês romantizaram a "Alma Gémea" como se significasse a "outra metade de ti". Na verdade, a Alma Humana é Muito Maior do que pensas.

- Muito maior?...

- Muito mais ainda. Não é o ar numa divisão. É o ar numa casa inteira. E a casa tem muitas divisões. A Alma não está limitada a uma identidade. Não é o ar na sala de jantar. Nem a Alma se divide em dois indivíduos que se chamam Almas Gémeas. Não é o ar no conjunto sala de estar - sala de jantar. É o ar na mansão toda. E no Meu Reino há muitas mansões. E embora seja o mesmo ar que circula em volta, dentro, e através de todas as mansões, o ar das divisões numa mansão pode parecer "mais abafado". Podias dizer: **"Está abafado lá dentro"**, mas nunca poderias dizer que não era o mesmo ar. É o mesmo mas com características diferentes. Assim, compreendes que, apesar de existirem milhões de Almas diferentes, são todas a Mesma. E assim compreendes o que é a Alma Única. Mas aquilo a que chamas a Alma Individualizada é enorme e paira sobre, em, e através de centenas de Formas Físicas.

- Ao Mesmo Tempo?...

- O Tempo é coisa que não existe. Só posso responder a isso dizendo "Sim" e "Não". Algumas das Formas Físicas envolvidas pela tua Alma estão "Agora Vivas" no teu entendimento. Outras, individualizaram em Formas que, agora, estão o que chamarias "Mortas". E outras envolveram Formas que vivem naquilo a que chamas de "Futuro". Está tudo a acontecer neste preciso Momento claro, mas, no entanto, a tua invenção chamada Tempo serve de instrumento, permitindo-te uma maior sentido da Experiência realizada.

- E essas centenas de Corpos Físicos que minha Alma envolveu, são todas minhas Almas Gémeas?...

- Sim, como tu o entendes, sim.

- E as partes de mim que viveram antes, são as minhas Vidas Anteriores?...

- Sim, algumas delas são as outras Vidas que viveste anteriormente. Outras não. Há ainda outras encarnadas em formas diferentes que vivem no vosso planeta neste momento. Quando encontras uma delas, podes ter uma imediata sensação de afinidade. Podes até dizer: **"Devemos ter estado juntos numa vida anterior."**. E tens razão... Como uma só Forma Física, ou como duas Formas no mesmo Continuum Espaço/Tempo.

- Mas quando sei que passei uma Vida Anterior com alguém e lhe falo nisso, e a pessoa não sente o mesmo, o que se passa?... Como é possível essa pessoa não se lembrar se eu me lembro?...

-Porque confundiste "Passado" com "Futuro". Trata-se duma Vida Futura. Tudo acontece no Eterno Momento de Agora. E tu tens consciência daquilo que, num certo sentido, ainda não aconteceu.

- E porque a pessoa não se lembra?...

- Porque são vibrações muito subtis, e alguns de vocês são mais sensíveis do que outros, e também porque é diferente de pessoa para pessoa. Tu podes ser mais sensível à tua Experiencia "Passada", ou "Futura", com uma pessoa do que com outra. Normalmente, isso significa que passaste este outro Tempo como Parte da tua Enorme Alma a envolver o mesmo corpo, enquanto que, quando existe aquela sensação de já conhecer alguém, mas não tão forte, pode querer dizer que partilharam o mesmo "Tempo" em conjunto, mas não o mesmo Corpo. Talvez tivessem sido - (ou venham a ser) - Marido e Mulher, Irmã e Irmão, Pai e Filha, Amante e Amada. São laços muito fortes, e é natural que os sintam quando "voltam a encontrar-se pela primeira vez nesta Vida".

- Ora aí está porque muitas pessoas dizem recordar se de terem sido outras pessoas noutras Vidas. E muitas até juram ter sido a mesma pessoa. Já viste a quantidade de pessoas que afirmam ter sido Joana d'Arc, Napoleão, etc...? E se podemos ter mais do que uma Alma Gémea, isso explica como podemos ter aquelas Sensações de Alma Gémea intensas com mais do que uma pessoa durante uma Vida, e até com mais do que uma pessoa ao mesmo Tempo.

- Claro. Percebeste.

- Outra dúvida: Quando começa a Vida?... É quando o Corpo emerge do ventre, é no Momento da Concepção?... Quando começa?...

- A vida não tem Princípio porque a Vida não tem Fim. A Vida apenas se prolonga; Cria novas Formas. A Alma Única reformula-se em Partes cada vez mais pequenas de Si Própria. Todas "as Partes" já lá estavam desde o Princípio Não há "Partes Novas", apenas porções de Tudo O Que Sempre Foi, reformulando-se no que "parece" Partes Novas e diferentes.

- Podes explicar melhor?...

- A Alma não entra no Corpo. O Corpo está envolvido pela Alma. A Alma Única molda-se simplesmente numa Nova Forma Física. Essa Forma encontra-se sempre carregada de Energia Viva, a Energia da Vida. A Vida – (se chamas Vida à Energia que Eu Sou) – está sempre lá. Nunca não está. A Vida nunca acaba, portanto não pode haver um ponto onde ela começa. Sei que querias falar do Aborto mas fica para outro livro. Está na altura de acabares esse.

- Mas?...

- Escreve apenas isso para acabar... Esta questão do Que São, e Quem Escolhem Ser, é de Grande Importância. Não só porque define o Nível da Vossa Experiência, como também porque Cria a Natureza da Minha. Toda a vida vos disseram que Deus vos Criou. Venho agora dizer-vos: Vocês estão a criar Deus. É uma reordenação substancial do Vosso Entendimento, Eu sei. Contudo é necessária se vão empreender o verdadeiro trabalho para o qual vieram. É um Trabalho Sagrado, aquele a que nos dedicamos, vocês e Eu. É um chão Sagrado, este que pisamos. Este é o Caminho. A Todo o Momento, Deus exprime-se em *vocês, convosco, e através de vocês. Têm sempre Escolha quanto à Forma como Eu vou Ser agora Criado. E Eu nunca vos retirarei essa Opção. Nem vos castigarei por fazerem a opção "errada". Mas não se encontram sem orientação nessas questões, nem nunca se encontrarão. Faz parte de vocês um Sistema de Orientação Interior que vos indicará sempre o Caminho de Regresso a Casa. É a Voz que sempre vos fala da vossa Escolha Mais Sublime, que coloca perante vós a Vossa Visão Mais Grandiosa. A única coisa que têm a fazer é seguir essa Voz e nunca abandonar essa Visão. Ao longo da História, enviei-vos Mestres. Estes trouxeram-vos Mensagens de grande Alegria. Foram escritas Sagradas Escrituras, e vividas Vidas Santas, para que conheçam esta Verdade Eterna: Vocês e Eu Somos Um... Escutem essas Palavras, tornem-se Meus Mensageiros, divulguem-Na, para que possam Ser Todos Livres. Conhece a Verdade e ela te libertará... A Raça Humana não tem hipótese de se Elevar acima dos seus Pensamentos Menores até que se Eleve até às suas Próprias Ideias Mais Sublimes. Essas Ideias, expressas por teu intermédio, Criam o Modelo, preparam o Cenário, servem de Modelo para o Nível Seguinte de Experiência Humana. Tu és o Caminho e a Vida. O mundo seguir-te-á... Não tens Escolha nesta Questão. É a Única Coisa que não tens Livre Arbítrio. É simplesmente A Maneira Como É...E de como Tudo Será... O teu mundo seguirá a Tua Ideia Sobre Ti Próprio. Sempre Foi, e Sempre Será... Primeiro, vem o teu Pensamento sobre Ti Próprio, depois segue-se o Mundo Exterior de Manifestação Física. Aquilo que Pensas, Crias. O que Crias, Tornas-te. O que te Tornas, Expressas. O que Expressas, Experiencias. O que Experiencias, És. O que És, Pensas. Fecha-se o Círculo. Na verdade, o Trabalho Sagrado em que estás envolvido só agora começou, pois agora finalmente, compreendes o que estás a fazer. Foste tu que te levaste a saber isso, tu que fizeste com que te importasses. E agora importas-te, mais do que nunca, com O Que Realmente És. Porque agora, finalmente, vês o Quadro Completo. Quem Tu És, Eu Sou. Estás a definir Deus. Enviei-te Uma Parte Abençoada de Mim - sob a Forma Física - para que Me possas Conhecer Experiencialmente como Tudo o que Sei que Sou Conceptualmente. A Vida existe como Instrumento para Eu transformar o Conceito em Experiência, existe para que Tu Faças o Mesmo. Pois Tu És Deus a fazer isto. Opto por Me*

Recriar de novo a cada Momento. Opto por Experienciar a Visão Mais Grandiosa da Visão Mais Sublime que já tive sobre Quem Eu sou. Criei-vos para que Me possam Recriar. É esta a Nossa Tarefa Sagrada. É esta a Nossa Alegria. É esta a Nossa Verdadeira Razão de Existir...

- Lindo... Agora é a Hora do Adeus?...

- Não tens de Me dizer "Adeus". Só tens de Me dizer "Olá"... O diálogo continuará, e outros Livros hão de surgir. A Vida no Universo será um dos próximos Temas a ser abordados. Prometi-te que o fazia... Quero que saibas que Estarei sempre contigo, e com todos vocês, até à Eternidade. Regressem a Casa, regressem a Mim. Amo-vos Muito e amar-vos-ei Eternamente. Vem cá Cima sempre que precisares. Chama-Me e irei ter contigo. E lembra-te que um dia estaremos Todos Juntos outra vez. Amo-vos Muito... É eterno o Meu Amor...

- Mas Senhor, os leitores precisam de mais respostas. Eles precisam e eu também... Os leitores, e as pessoas em geral, vão se queixar...

- Diz às pessoas que já têm aí muita Mensagem para absorverem. Na Altura Certa, e no Momento Certo, hão de saber mais... Entretanto continuaremos a falar todos os dias. Se quiseres...

- Claro que sim!... Amo te muito sabias?...

- E Eu a ti Ariel...Mais do que podes conceber. Continua canalizando e escrevendo as Minhas Mensagens. Eu te Abençoo...

- Obrigada. Ate já...

- Até já Meu Filho, até já...

*

Epílogo

Foi assim que cessaram as Mensagens de Jesus. Prometeu-me voltar com Novas Mensagens. Entretanto vou Orando, Meditando, e Contemplando a Verdadeira Luz … E sempre que receber mais Mensagens hei de as canalizar. Não acredito que isso fique por aqui. Até que sejam recebidas mais Mensagens, desejo a todos vocês o melhor nessa, e na outra, Vida… E em todas as Vidas que tiverem... E para Sempre, para além da Vida e da Eternidade... Com Amor...

Zeca Soares

Biobibliografia

Livros

"Essência perdida" - (Poesia - *Edição de autor*)

"Lágrimas de um poeta" - (Poesia - *Edição de autor*)

"Alma ferida" - (Poesia - *Edição de autor)*

"Ribeira Grande... Se o teu passado falasse" - (Pesquisa histórica - *Edição de autor*)

"Diário de um homem esquecido" - (Prosa - *Editora Ottoni* - São Paulo-Brasil)

"Numa Pausa do meu silêncio" - (Poesia - *Edição de autor*)

"Libertei-me por Amor" - (Romance - *Papiro Editora* - Porto, e *Amazon* - Washington)

"A Promessa" - (Romance - *Edições Speed* - Lisboa, *Edições Euedito* - Seixal e *Amazon* - E.U.A.)

"Mensagens do meu Eu Superior" - (Esotérico/Espiritual - *Amazon* - Washington)

"Amei-te, sabias?" - (Romance - *Amazon* - Washington - E.U.A.)

"Quase que te Amo" - (Romance - *Amazon* - Washington - E.U.A.)

"Tão perto, tão longe" - (Romance - *Amazon* - Washington - E.U.A.)

"Para Sempre" - (*"Mensagens do meu Eu Superior 2"*) - (Esotérico/Espiritual - *Amazon* - E.U.A.)

"Carpe Diem" - (*"Mensagens do meu Eu Superior 3"*) - Esotérico/Espiritual - *Amazon* - E.U.A.)

"O Escriba" - ("Autobiografia" - *Amazon* - Washington - E.U.A.)

"O Céu não fica aqui" - (Romance - *Amazon* - Washington - E.U.A.)

"Eu tive um sonho" - (Romance - *Amazon* - Washington - E.U.A.)

"O livro que nunca quis" - (Romance - *Amazon* - Washington - E.U.A.)

"Conheci um Anjo" - (Romance - *Amazon* - Washington - E.U.A.)

"Já posso partir" - (Romance - *Amazon* - Washington - E.U.A.)

Outros livros a sair, muito em breve, nos Estados Unidos:

"Não me esqueças" - (Romance - Amazon - E.U.A.)

"Perdoa-me..." - (Romance - Amazon - E.U.A.)

"A rapariga inesquecível" - (Romance - Amazon - E.U.A.)

"O Comando Ashtar" - (*"Mensagens do meu Eu Superior 6"*)

"A Fraternidade Branca" - (*"Mensagens do meu Eu Superior 7"*)

Colectâneas

"Poiesis Vol X" - (*Editorial Minerva* - 57 autores)

"Poiesis Vol XI" - (*Editorial Minerva* - 67 autores)

"Verbum - Contos e Poesia" - (*Editorial Minerva* - 20 autores - Os Melhores 20 Poetas de Portugal)

" I Antologia dos Escritores do Portal CEN" - Os melhores 40 Poetas Portugal/Brasil - *Edições LPB* - São Paulo - Brasil)

"Roda Mundo - Roda Gigante 2004" - (Os melhores 40 Poetas do Mundo, que foram apurados do **3º Festival Mundial de Poesia** de S. Paulo, em que Zeca Soares representa sozinho Portugal nessa colectânea - *Editora Ottoni* e *Editora Sol Vermelho - SP - Brasil. Colectânea bilingue distribuída por 43 países - (os países de origem dos poetas vencedores)*

Concursos

- *Concurso Nacional de Pesquisa História.* Zeca Soares concorreu com o seu livro *"Ribeira Grande... Se o teu passado falasse...",* na corrida ao **Prémio Gaspar Fructuoso**, com o seu livro de 660 páginas de História da cidade da Ribeira Grande, em que arrecadou o 4º lugar)

- *Concurso Nacional de Guionismo* - (Inatel)

- *Concurso Nacional de Guionismo - "Melhor Guionista Português"* - (Lisboa)

- *Concurso Nacional de Poesia Cidade de Almada Poesia 2003* - (Almada)

- *Concurso Nacional de Poesia Manuel Maria Barbosa du Bocage* - (Setúbal)

- *Concurso Internacional de Poesia Livre* na corrida ao *Prémio Célito Medeiros* (SP - Brasil)

- *Concurso Internacional de Poesia Pablo Neruda* - (SP - Brasil - Junho 2004)

- *I Concurso Internacional de Literatura da Tapera Produções Culturais* - (SP - Brasil)

- *IX Concurso Internacional Francisco Igreja* - (SP- Brasil)

- *V Concurso Literário do Grande Livro da Sociedade dos Poetas Pensantes* - (SP-Brasil-)

- *3º Festival Mundial de Poesia* - (SP- Brasil -Verão 2004)

- *4º Festival Mundial de Poesia* - (Chile -Verão 2005)

- *Concurso Nacional "Meu 1º Best Seller"* com organização das *Edições ASA* - com o seu conto *"Libertei-me por Amor…"* - ficando nos primeiros 10 finalistas entre mais de 2000 Romances de todo o país.

- *Concurso Prémio Literário Miguel Torga* - Concorreu com o romance *"A Promessa"*

- *Amazon Breaktrough Novel Award 2004* - Entre mais de 10 mil Escritores de todo o Mundo, Zeca Soares passou aos quartos-de-final com o seu romance *"A Promessa"*

Made in the USA
Columbia, SC
01 November 2022

70291521R00098